VIVER COM MODERAÇÃO

svend brinkmann

VIVER COM MODERAÇÃO

como redescobrir o equilíbrio numa era de excessos

Tradução
Alessandra Bonrruquer

Título original: *The Joy of Missing Out: The Art of Self-Restraint in an Age of Excess*
Gå glip © Svend Brinkmann & Gyldendal, Copenhagen 2017
Tradução para a língua portuguesa © 2024 Casa dos Mundos / LeYa Brasil,
Alessandra Bonrruquer
Publicado mediante acordo com Gyldendal Group Agency & Casanovas & Lynch
Literary Agency.

Todos os direitos reservados e protegidos pela Lei 9.610, de 19.02.1998.
É proibida a reprodução total ou parcial sem a expressa anuência da editora.

Editora executiva Izabel Aleixo	*Diagramação e projeto gráfico* Alfredo Loureiro
Produção editorial Ana Bittencourt, Carolina Vaz e Rowena Esteves	*Capa* Bloco Gráfico
Preparação Mariana Rimoli	*Crédito de capa* © Demianastur / stock.adobe.com
Revisão Carolina M. Leocadio	

Dados Internacionais de Catalogação na Publicação (CIP)
Angélica Ilacqua CRB-8 / 7057

Brinkmann, Svend
    Viver com moderação: como redescobrir o equilíbrio numa era de excessos / Svend
Brinkmann; tradução de Alessandra Bonrruquer. - São Paulo: LeYa Brasil, 2024.
    136 p.

Bibliografia
ISBN 978-65-5643-310-3
Título original: The Joy of Missing Out: The Art of Self-Restraint in an Age of Excess

1. Moderação 2. Autocontrole 3. Consumo – Aspectos sociais 4. Excesso (Filosofia)
I. Título II. Bonrruquer, Alessandra

23-4921   CDD 179.9

Índices para catálogo sistemático:
1. Moderação

LeYa Brasil é um selo editorial da empresa Casa dos Mundos.

Todos os direitos reservados à
CASA DOS MUNDOS PRODUÇÃO EDITORIAL E GAMES LTDA.
Rua Frei Caneca, 91 | Sala 11 – Consolação
01307-001 – São Paulo – SP
www.leyabrasil.com.br

Aus Mäßigkeit entspringt ein reines Glück.
(A verdadeira felicidade vem da moderação.)

– Johann Wolfgang von Goethe,
A filha natural, 1803

SUMÁRIO

Prefácio 9

Introdução: Ter tudo 11
1. A sociedade sustentável 19
2. Buscar o bem 43
3. O valor da moderação 61
4. Marshmallows e esteiras....................... 83
5. A alegria de ficar de fora....................105

Notas 125

Prefácio

Este livro fala da arte do autocontrole e da importância da moderação. Aqui, argumento que, no âmbito coletivo, é absolutamente imperativo para todas as nações, especialmente as mais ricas, dominar essa arte se quiserem fazer um trabalho melhor na hora de lidar com as crises do presente e do futuro. Também defendo que, no âmbito pessoal, é valioso para os indivíduos aprenderem a "se virar com o que têm", em vez de quererem tudo aqui e agora. O livro transforma uma necessidade em virtude, fazendo uma defesa passional do que alguns consideram um pensamento antiquado a respeito de como vivemos. Ele também tem uma dimensão política maior se comparado a meus livros anteriores, *Positividade tóxica* e *Standpoints* [*Pontos de vista*], embora ainda foque a ética e os temas existenciais básicos com os quais as pessoas parecem cada vez mais preocupadas atualmente. *Positividade tóxica* critica a mania de crescimento pessoal, enquanto *Standpoints* busca identificar quais são os valores éticos básicos dos quais não devemos abrir mão. Em *Viver com moderação*, discuto maneiras de viver a vida que tornam possível, para a sociedade como um todo, focar esses valores. Assim, ele trabalha bem com meus outros livros.

Além de minha imensa gratidão a Anne Weinkouff, gostaria de agradecer a Anders Petersen, Lene Tanggaard, Ester Holte Kofod, Thomas Aastrup Rømer e Thomas Szulevicz, que me presentearam tão generosamente com seu tempo, lendo o manuscrito e fazendo comentários valiosos que melhoraram a versão final. Também gostaria de agradecer a Tam McTurk, por sua excelente tradução para o inglês, como sempre, e a toda a equipe da Polity, por ajudar a levar minha obra a um público internacional.

INTRODUÇÃO:
TER TUDO

"Porque você vale muito", proclama a clássica propaganda de cosméticos. "*Just do it!*", implora a empresa mundialmente famosa de produtos esportivos. A todo momento, somos estimulados a experimentar *o máximo* que pudermos, por *todo o tempo* que pudermos, em *tantos contextos* quanto formos capazes. Felizmente, não somos obrigados a obedecer a tais comandos, mas não há dúvida de que esses slogans refletem uma cultura que há muito reforça a ideia do "máximo possível, o mais rápido possível". E por que não? Por que nos contermos quando temos essa opção? Por questões de tempo e dinheiro? No limiar da década de 1990, a banda de rock Queen cantava "Eu quero tudo e quero agora", um tributo a *querer mais* que, desde então, serve como motor da cultura moderna.

A vida é curta – no caso de Freddie Mercury, tragicamente curta –, então precisamos ver, fazer e experimentar o máximo possível *agora*, antes que seja tarde demais. Sem

12 VIVER COM MODERAÇÃO

fazer concessões! Ou é isso que muitas pessoas pensam. "Ter tudo" se tornou um ideal, e devemos correr para aproveitar o dia. *Carpe diem* é uma das tatuagens mais comuns, e o acrônimo YOLO (da frase em inglês *You Only Live Once*, "só se vive uma vez") é disseminadamente (mal) usado nas redes sociais. Dizemos uns aos outros que é preferível fazer algo de que possamos nos arrepender do que nos arrependermos de não ter feito algo. Ser moderado é o pior cenário possível. Vivemos com FOMO (*Fear of Missing Out*, o "medo de ficar de fora") – outro acrônimo popular – e conferimos o celular o tempo todo em busca de atualizações de status, resultados de partidas de futebol, promoções especiais ou qualquer coisa que seja do nosso interesse. Mas fazer tudo não é fácil, então precisamos de ajuda. Na Amazon, uma busca por "faça mais" gera mais de dez mil resultados, com livros como *Faça mais e melhor: um guia prático para a produtividade*. Uma busca simples por "faça acontecer" gera como resultado quase trezentos livros, de *Faça acontecer agora* a *A arte de fazer acontecer*. O que você não encontrará serão muitos livros sobre fazer menos – e nenhum sobre fazer menos e demorar mais tempo. Mas, na era do estresse, não é exatamente isso que precisamos aprender?

A questão é: como manter o foco num mundo cheio de escolhas e tentações? Somos constantemente bombardeados por convites, no sentido mais amplo da palavra, vindos de todas as partes, de anúncios pela rua a redes sociais. Somos constantemente convidados a fazer, pensar, experimentar, comprar ou consumir algo. A competição por nossa atenção é feroz e, quando inundados por uma esmagadora quantidade de informação, às vezes é difícil distinguir entre o que é importante e o que não é. Tentamos "surfar na internet" (como se dizia na década de 1990) nessa imensa onda de informação, mas frequentemente acabamos exaustos e com dificuldade de manter a cabeça fora d'água. Passamos grande parte da vida sendo treinados, de uma maneira ou de outra, para experimentar o máximo possível. Somos tentados por empréstimos rápidos, ofertas especiais e só mais um episódio de nossa série de TV favorita, cortesia dos serviços de *streaming*. Como espécie, criamos uma sociedade com um cenário cultural, um nicho ecológico baseado em convites, tentações, escolhas e ofertas especiais, mas raramente praticamos a arte do autocontrole, de dizer "não" e optar por não participar disso – essas são habilidades que não possuímos nem como indivíduos nem como sociedade. Este livro recomenda transformar essa necessidade em virtude e praticar a arte da moderação.

Adquirir essas habilidades se tornou uma necessidade, porque, já há muito, nossas vidas são baseadas no consumo excessivo, no crescimento sem entraves e no lento esgotamento de nossos recursos naturais. Esse é o tema do próximo capítulo. Podemos e devemos discutir os detalhes das crises que a humanidade provocou e que afetam nossa existência, mas é *fato* documentado, científico, que essas crises autoinfligidas *existem*, e essa é uma das fundações deste livro. A virtude à qual a necessidade deve e vai nos conduzir não é uma utopia ecológica e idealista, mas um dos principais pilares de uma tradição filosófica que remonta à Grécia Antiga, quando a moderação era considerada um traço essencial de caráter. Naquele tempo, a moderação (*sōphrosýnē,* em grego) frequentemente era saudada como uma das virtudes principais – em outras palavras, um componente necessário para qualquer tipo de atividade ética. De acordo com os gregos antigos, só podemos incorporar outras virtudes, como coragem e generosidade, se exercitarmos moderação em tudo que fizermos – se dominarmos a arte da moderação. Se "quisermos tudo", então não poderemos ser bons em algo específico, inclusive no sentido ético. De acordo com esse pensamento, viver uma vida plena, rica e próspera requer certo nível de autodomínio e autocontrole – não como forma de autoflagelo masoquista, nem como projeto ascético ou restrito, nos quais dizer "não" tem valor em si, mas como pré-requisito para nossa habilidade de fazermos o nosso melhor, como indivíduos que somos, com as responsabilidades que temos, nos contextos em que nos encontramos.

Quando a psicologia moderna discute moderação e temperança, geralmente é no contexto de exercer autocontrole. Embora essa abordagem seja significativa, neste livro, o aspecto psicológico de viver com moderação é somente uma de várias dimensões relevantes. Identifiquei cinco delas e as apresento aqui, como argumentos abrangentes, nos cinco capítulos que se seguem.

Começo com um capítulo sobre o *argumento político*, que trata de nossa vida coletiva e delineia a justificativa básica para aprendermos a nos virar com o que temos. O planeta tem recursos limitados, mas sua população continua a crescer, e as décadas recentes viram um aumento da desigualdade em muitos países. Se quisermos que a vida seja sustentável para o máximo possível de pessoas – idealmente, para todos nós –, precisamos aprender a arte do autocontrole, especialmente nas partes mais ricas do mundo.

Em seguida, apresento o *argumento existencial*. Na frase um tanto pomposa do filósofo dinamarquês Søren Kierkegaard, ser moderado e manter o foco significam ser puro de coração: "Pureza de coração é desejar uma única coisa". A reflexão existencial deve envolver o reconhecimento de que não devemos querer tudo; em vez disso, devemos prestar atenção a algo específico a fim de que nossas vidas sejam bem vividas, e não somente uma espécie de borrão amorfo.

Passo, então, ao *argumento ético*, que fala de nosso relacionamento com os outros. A ideia básica é que só somos capazes de cumprir nossas obrigações como seres humanos se estamos dispostos a abrir mão de algo a fim de estarmos presentes para outras pessoas. É aqui, em particular, que a ideia clássica de virtude se torna relevante, com seu conceito de moderação (*sōphrosýnē*) como componente-chave de uma vida ética.

O argumento seguinte é *psicológico* e, em termos tangíveis, refere-se à prática do autocontrole e de por que ele é difícil entre a miríade de tentações de nossa sociedade de consumo obcecada por experiências. A psiquê humana parece ter um aspecto trágico, às vezes chamado de "esteira hedônica". Quando conseguimos algo pelo que nos esforçamos, acabamos nos acostumando e já não nos sentimos atraídos por isso. Então escolhemos outra coisa pela qual nos esforçarmos, numa infinita busca por felicidade que só termina ao morrermos. Quanto mais temos, mais queremos. Por isso, não é estranho que até mesmo pessoas na minha parte do mundo [a Dinamarca] – que, em termos históricos, é incrivelmente rica – se matem de trabalhar, e o que é pior, para ganhar mais. Não podemos romper esse círculo vicioso?

O argumento final para optarmos pela moderação é derivado da *estética*. A ideia de beleza na simplicidade é clássica, encontrada tanto na arte quanto na ciência. Talvez ela também se aplique à arte de viver. Argumento que há valor estético nos rituais simples que organizam nossas vidas diárias e liberam energia e recursos para atividades mais significativas. O capítulo também sugere maneiras mais específicas de praticarmos a arte do autocontrole. Transformar uma necessidade em virtude pode se tornar uma arte de vida.

Juntos, esses cinco argumentos demonstram que não somente há um imperativo político na arte do autocontrole, como também há uma profundidade existencial, um potencial ético, um benefício psicológico e uma qualidade estética em escolher não ter. Dividir a discussão nesses diferentes domínios não é a única maneira de discutir a questão, e não há fronteiras rígidas entre, por exemplo, o domínio existencial e o psicológico ou entre política e ética. Os capítulos se sobrepõem, mas também podem ser lidos individualmente. Não me iludo achando que os leitores concordarão com todos os cinco argumentos, porém espero que obtenham algo de sua leitura. Alguns podem focar a dimensão psicológica e rejeitar a política; outros farão o inverso. Meu objetivo é usar a análise dos muitos aspectos da vida para mostrar que viver com moderação tem um valor fundamental maior do que as pessoas podem supor. Todos podemos aprender a manter o foco, a escolher não participar do consumismo, a aceitar menos daquilo que, na verdade, é trivial, e, então, com sorte, ter mais tempo para o que é significativo. O antropólogo Harry Wolcott aconselhava seus estudantes de doutorado a "fazerem menos, mais cuidadosamente".[1] Talvez mais de nós devêssemos seguir esse conselho – não somente em nossos estudos, mas em nossas vidas como um todo. Para fazermos isso, precisamos ter a coragem de nos comprometermos com uma coisa e abrirmos mão de muitas outras.

1
A sociedade sustentável

Como jovem pesquisador iniciante, o primeiro livro que escrevi criticava a demanda por desenvolvimento pessoal e sua tendência de invadir cada vez mais aspectos da vida. Isto permaneceu presente em grande parte de meu trabalho subsequente: o fato de que vivemos numa desenfreada *cultura de desenvolvimento* que não conhece *limites*. É uma cultura que se manifesta nas incontáveis demandas por flexibilidade, adaptabilidade e disposição para mudar, que encontramos no trabalho e nas instituições educacionais.[1] Muito mais atenção (crítica) foi dada a essa dimensão em tempos recentes, mas o aspecto *sem limites* também é digno de nota – o fato de que se tornou difícil dizer que alguém ou algo é *bom o bastante*. Espera-se que estejamos engajados em processos de aprendizado de vida inteira, ou seja, processos sem fim. Eles nunca terminam. Ninguém pode dizer ao chefe, numa revisão de desempenho, que chegou ao auge de seu desenvolvimento pessoal. As reformas políticas também nunca cessam nem chegam a uma forma final, terminada. Na década de 1990, Philip Cerny, professor emérito na Universidade de Manchester, introduziu o conceito de Estado competidor para descrever a maneira como as nações modernas operam no mercado globalizado e, essencialmente, pensam em si mesmas como empresas. Em seu livro sobre o Estado competitivo, o dinamarquês Ove Kaj Pedersen fala das "reformas sem fim", descrevendo como o setor público se desenvolveu desde a década de 1970, com constantes rodadas de reorganização do Estado, de suas funções e de seu pessoal.[2] Pense nas recentes reformas de escolas, universidades, seguridade social etc. em muitos países ocidentais. As demandas por aprimoramento e otimização das habilidades são constantes e infinitas, o que, logicamente, leva a uma situação na qual ninguém jamais faz algo bem o bastante, porque sabe que, em breve, será instruído a fazer mais e melhor. Tudo é monitorado, quantificado e avaliado para facilitar a "aprendizagem visível" na educação e no trabalho. Em nossas "organizações de aprendizagem", o progresso tem que ser visível a fim de inspirar todos a fazerem "ainda melhor".

De um lado, é uma cultura que não conhece limites no sentido de que suas demandas nunca são satisfeitas – o gol se move para trás cada vez que você se aproxima da pequena área. De outro, também é sem limites no sentido de que somos chamados a nos desenvolver e nos otimizar em absolutamente todas as áreas. Os locais de trabalho exigem não somente nosso desenvolvimento profissional, mas também o pessoal. As crianças precisam ir bem na escola, mas também ser saudáveis, criativas, musicais e boas nos esportes. Essa falta de limites não se reflete somente no aspecto puramente temporal (os historiadores chamam isso de dimensão *diacrônica*), transcendendo diversas áreas da vida em qualquer momento dado (a dimensão *sincrônica*). Vivemos numa desenfreada cultura de desenvolvimento sem limites ou impedimentos. Isso não somente ameaça nosso bem-estar individual (um dos temas de *Positividade tóxica*), como também é insustentável num âmbito mais geral.

Não há dúvida de que a humanidade precisa urgentemente discutir a sustentabilidade e modificar inúmeros aspectos da sociedade de consumo, mas muitas pessoas já estão cansadas do conceito. Conheço a sensação. Um dia, eu me peguei fazendo a seguinte pergunta: "Sustentabilidade não é somente um clichê que aplicamos a tudo, sem de fato dizer nada?". Às vezes, sim. Mas, em sua forma mais simples, sustentabilidade significa somente viver de uma maneira que não desperdice nem esgote os recursos naturais. Significa garantir que o mundo que deixaremos para a próxima geração esteja ao menos nas mesmas condições em que o recebemos. Não é um conceito hippie bizarro; deveria ser bom senso. Mas os seres humanos são mesmo capazes de construir uma sociedade sustentável? Já não é tarde demais? Muitos cientistas acreditam que vivemos numa época geológica chamada Antropoceno (do grego *ánthropos*, que significa "homem"), referindo-se ao fato de que o impacto humano no planeta está no mesmo nível da movimentação das placas tectônicas e das erupções vulcânicas. A humanidade se tornou uma força da natureza – com devastadoras consequências globais.

O artigo de 2011 que apresentou o conceito de Antropoceno ao público dinamarquês explica que a sociedade industrial usa quatro ou cinco vezes mais energia que as comunidades agrícolas anteriores, que, por sua vez, usavam três ou quatro vezes mais energia que as culturas caçadoras-coletoras antes delas.[3] A população mundial passou de cerca de um bilhão de pessoas em 1800 para cerca de oito bilhões hoje. No mesmo período, o consumo de energia aumentou quarenta vezes, e a produção, cinquenta. As consequências são todas aparentes, como a maior concentração de CO_2 na atmosfera, as temperaturas mais altas e os eventos climáticos mais extremos. O número de pessoas deslocadas pelas mudanças climáticas (refugiados climáticos) já é duas vezes maior que o de pessoas fugindo da guerra, mesmo que as guerras não estejam exatamente escassas. A atividade humana também tem um efeito prejudicial na biodiversidade, com a morte de quase dois terços das espécies animais nos últimos 45 anos.[4] A sustentabilidade pode muito bem ter se tornado um clichê, mas por boas razões. Não faltam cientistas afirmando de maneira pessimista que já é tarde demais, que o planeta já passou do ponto de não retorno, que não podemos salvá-lo das mudanças climáticas e que enfrentamos a perspectiva de inúmeras e horríveis catástrofes num futuro não tão distante.[5] Será essa a consequência final de nossa desenfreada cultura de desenvolvimento?

Provavelmente é cedo demais para dizer, mas sem dúvida parece que a retórica alarmista e indutora de medo não conseguiu persuadir um número suficiente de pessoas a adotarem a sustentabilidade. Cientistas preocupados às vezes são tratados como arautos do apocalipse, ávidos por atenção e movidos pela necessidade de renovar o financiamento de suas pesquisas. Algumas reações são apáticas: se já é tarde demais, podemos muito bem aproveitar a vida o máximo que pudermos, pelo tempo que pudermos. É uma atitude que lembra o *Titanic*: depois que a água invadiu o navio, a orquestra continuou tocando e as pessoas continuaram dançando até se afogarem. No entanto, minha missão neste livro não é aumentar o fator medo. Desejo simplesmente apresentar o conceito de uma vida modesta e sustentável, dentro de certos limites, como alternativa atraente para indivíduos e sociedades. Esse estilo de vida certamente contém certa dignidade elementar. Como já mencionado, parece que será imperativo rompermos com o pensamento de "mais, mais, mais" – que foi influente durante séculos, mas sempre desafiado por vozes críticas. Usando linguagem ética ou psicológica, tais vozes, com frequência, afirmaram que não conseguir dominar a arte do autocontrole é equivalente a se autoflagelar. A elas agora se uniram outras vozes, apresentando argumentos ambientais e geopolíticos para uma sociedade mais sustentável.

As mudanças climáticas não foram a única causa das crises globais nos últimos tempos. Muitos também acreditam que uma forma descontrolada e desregulada de capitalismo levou a um nível problemático de desigualdade e ao medo, descontentamento e conflito disseminados em todo o globo. No entanto, a boa notícia é que o número de pessoas vivendo na pobreza absoluta vem caindo de modo constante nas últimas décadas. Hoje em dia, muitas pessoas estão numa situação mais estável e recebem melhor educação, e a mortalidade infantil foi reduzida. Infelizmente, o outro lado da moeda é que a lacuna provocada pela desigualdade cresceu em muitos países – é bem conhecido o fato de que o 1% mais rico da população mundial possui mais que todo o restante junto, e que os oito indivíduos mais ricos do mundo possuem tanto quanto a metade mais pobre da população mundial.[6] Não foi somente entre países que as diferenças em prosperidade econômica foram exacerbadas, mas também em seu interior. Cientistas sociais de diferentes correntes políticas discutiram extensamente as consequências dessa onda de desigualdade e as evidências sugerem que a maior desigualdade está estatisticamente associada a mais doenças e crimes e a menos mobilidade social e inovações – ao menos nos países da OCDE (Organização para Cooperação e Desenvolvimento Econômico) estudados pelos pesquisadores Richard Wilkinson e Kate Pickett para seu controverso livro *O nível: por que uma sociedade mais igualitária é melhor para todos*.[7] Um dos principais pontos defendido pelos autores é que a igualdade econômica é boa para todos. Quando uma sociedade é relativamente igualitária, a vida melhora também para os mais abastados – eles têm vidas mais longas e saudáveis, sentem menos estresse etc. Uma sociedade sustentável, inclusive em termos de igualdade econômica, é uma sociedade na qual todos os grupos sentem que estão indo bem. É claro que isso não significa que seja desejável que todos possuam e consumam a mesma quantidade de coisas. Somente uma ideologia totalitária tentaria impor um cenário de pesadelo no qual as pessoas não teriam a liberdade de influenciar o próprio nível de prosperidade. Mas o livro de Wilkinson e Pickett sugere, sim, que a crescente desigualdade precisa ser levada a sério como fator causal por trás de vários problemas sociais. De modo geral, os analistas concordam com isso. Por exemplo, José Ángel Gurría, ex-secretário-geral da OCDE, recentemente avisou que chegamos a um "ponto de não retorno" em relação à desigualdade galopante e que a situação é análoga à das mudanças climáticas.[8] Quando tanto a desigualdade quanto as temperaturas crescentes chegam a certo ponto, é difícil – se não impossível – mudar de curso, porque numerosos efeitos autoperpetuadores entram em ação. Mesmo a OCDE agora aceita que mais igualdade beneficiaria a todos – inclusive os mais ricos.

O que causou a crise climática e a crescente desigualdade? A resposta está numa combinação de fatores – não é possível identificar um único motor de mudança histórica que as tenha gerado. É fácil apontar o dedo para o capitalismo, mas esse é um termo bastante geral que inclui diversos modelos sociais. Também é justo dizer que, em muitos casos, as tentativas de derrubar o capitalismo e substituí-lo por um sistema diferente se provaram piores que a doença social que tentavam curar (pense na União Soviética, onde a revolução levou a um regime totalitário controlado por uma pequena elite partidária). O capitalismo modela nossa maneira de pensar e agir há tanto tempo que é difícil sair da caixa e avaliá-lo objetivamente. Temos que viver nele como ele é agora? Possivelmente, mas talvez mudanças tenham começado a aparecer nos últimos anos. De acordo com Karl Marx, o desenvolvimento da tecnologia desempenhou um importante papel histórico no desenvolvimento da sociedade. O jornalista Paul Mason, em seu best-seller *Pós-capitalismo*,[9] escreve sobre como o sistema capitalista que conhecemos está sendo minado pelos próprios avanços tecnológicos que, no passado, impulsionaram a economia. Ele argumenta que, em primeiro lugar, as novas tecnologias (digitais) reduzem a demanda por trabalho, como manifestado na crescente robotização e automatização, um processo ainda em seus primeiros passos. Em segundo lugar, elas levam a uma abundância de bens não materiais que dificultam a regulação de preços pelo mercado. Tradicionalmente, os mecanismos de mercado se baseiam na escassez de recursos, mas o mundo digital está inundado de informação, música, literatura etc. Em terceiro, testemunhamos a ascensão das formas colaborativas de produção (comumente descritas por jargões como "economia compartilhada"), que, às vezes, apresentam resultados melhores que as indústrias estabelecidas, como no caso da Wikipédia, que tornou praticamente obsoletas as enciclopédias tradicionais.[10]

No entanto, a questão é se a aceleração social realmente é uma força histórica significativa que impulsiona tanto o capitalismo quanto o pós-capitalismo, presumindo-se que o último exista ou vá existir algum dia. O sociólogo Hartmut Rosa diria que sim, e criou toda uma teoria da modernidade baseada na análise da aceleração social.[11] Em resumo, a teoria de Rosa afirma que mais ou menos tudo – de processos sociais a todo tipo de atividade humana – tem a tendência de acelerar, sem qualquer aumento concomitante do tempo ocioso. Precisamos continuar desenvolvendo novas tecnologias e práticas para nos ajudar a fazer mais, e, então, a espiral se acelera. É assim desde a Revolução Industrial. O problema, como já discutido, é que a sociedade moderna se baseia numa concepção linear de *mais, mais, mais* – ou "mais difícil, melhor, mais rápido, mais forte", como entona a voz robótica da banda Daft Punk em seu sucesso de mesmo nome – e não possui freios nem contrapesos. O tipo de bagagem cultural que teve efeito restritivo durante a era industrial – que valorizava a moderação e a recompensa adiada, por exemplo – praticamente desapareceu.

Da era industrial à ascensão da sociedade de conhecimento ou de consumo, as sociedades mudaram drasticamente, não apenas em termos de sua economia subjacente, mas também, e no mesmo nível, em termos de mentalidade. O sociólogo Zygmunt Bauman descreveu, em muitos de seus livros, como a transição de uma cultura sólida, representada pelas cadernetas de poupança, com ênfase na recompensa parcimoniosa e adiada, para uma cultura de cartão de crédito, que encoraja as pessoas a "seguirem seus sonhos" e consumirem em níveis que não podem bancar. Bauman descreveu a sociedade de consumo como "líquida", de modo que o indivíduo precisa ser líquido para acompanhá-la.[12] Este é o cerne da questão e o desafio enfrentado pela humanidade: como argumentar contra os ideais de ter, fazer, experimentar e consumir mais?[13] Afinal, essas são as coisas que geram crescimento e mantêm as engrenagens girando, como gostam de dizer os políticos. O bom cidadão se tornou um bom consumidor, que nunca está satisfeito com o que tem. Outrora, o bom cidadão era parcimonioso, consciencioso e reconhecia o valor do autocontrole. Hoje, o bom cidadão consome tudo, não conhece limites e jamais deixa de se esforçar para estar na frente. Se você está satisfeito, não há incentivo para adquirir mais – o que, numa sociedade de consumo e numa economia baseada no desejo constante, transforma a satisfação em vício, em vez de virtude. A ansiedade em relação ao status pessoal se tornou comum, uma sensação muito familiar numa sociedade construída com base em desempenho. Será que sou bom o bastante? O que os outros pensam de mim?[14] Em contraste, este livro destaca os benefícios de se estar contente – com a mensagem de que não há nada a temer, pois escolher não participar e não ter o ajudará a apreciar o que você tem.

Afirmo que lidar com os desafios do mundo real, como as mudanças climáticas e a maciça desigualdade global, requer mais disposição para estarmos satisfeitos com o que temos. Precisamos aprender a "nos virar com o que temos" e, às vezes, a não ter. De outro modo, é difícil imaginar como uma sociedade sustentável – em sintonia com a natureza, na qual as pessoas trabalhem juntas e em harmonia e na qual a lacuna de igualdade não seja tão grande – seria possível.

Mas essa não se torna uma mensagem condescendente e hipócrita quando expressada por uma pessoa relativamente abastada vivendo numa das partes mais ricas e seguras do mundo? Não é uma atitude distintamente elitista e privilegiada acreditar que precisamos aprender a "nos virar com o que temos"? Isso é muito bom para aqueles que não precisam de nada! É importante responder a essa objeção legítima antes de prosseguirmos.

A ARMADILHA ELITISTA

A armadilha elitista se refere a uma situação na qual os ricos e privilegiados usam argumentos sobre a (percebida) necessidade de economizar ou se restringir para desencorajar os outros. É a armadilha na qual as pessoas correm o risco de cair quando, por exemplo, censuram outras por não comerem alimentos orgânicos ou por entupirem os filhos de aditivos artificiais. O problema, claro, é que são necessários recursos – tanto financeiros quanto psicológicos – para se familiarizar com essas questões e fazer compras da maneira "certa". Os abastados podem se dar ao luxo de comprar alimentos orgânicos, mas isso é muito mais difícil para famílias com pouco dinheiro ou aquelas que não têm tempo para ler livros sobre a dieta paleolítica ou nutrição otimizada. Galinhas orgânicas criadas soltas são, simplesmente, muito mais caras que galinhas de gaiola. Um problema similar existe entre os países. Um país rico como a Dinamarca é capaz (ou, no mínimo, deveria ser capaz) de cumprir os objetivos de redução de CO_2 ao terceirizar sua produção para outros países e negociar cotas de CO_2. É fácil para nós falarmos sobre uma vida simples e frugal sendo tão ricos. As economias em desenvolvimento, que ainda lutam para chegar ao padrão de vida de que gozamos há muitas décadas, não querem ouvir que precisam se conter, diminuir suas ambições de riqueza material ou emitir menos CO_2.

Neste livro, optei por manter este capítulo político antes dos capítulos existencial, ético, psicológico e estético porque, se quisermos evitar a armadilha elitista, é importante pensarmos em termos políticos, o que, nesse contexto, significa muito mais que política partidária. O conceito de política vem da palavra grega para cidade, *pólis*, e é usado aqui em seu sentido original de "coisas relacionadas à vida coletiva".

Em outras palavras, decisões que afetam todos os membros de um grupo são, num sentido fundamental, necessariamente políticas. Enquanto os capítulos seguintes lidam com a maneira como indivíduos podem encontrar sentido em exercitar a moderação, o tema deste capítulo é que o debate também deve ocorrer no âmbito coletivo, porque é nele que decisões cruciais são tomadas. Se, por exemplo, queremos que todos no país sejam capazes de comer frango orgânico de vez em quando, podemos fazer a escolha política de impor limites ao preço dos alimentos orgânicos. Se queremos diminuir nossas emissões de CO_2, podemos aumentar a tributação sobre os combustíveis a fim de reduzir o consumo. Se nossos representantes democraticamente eleitos acreditam que um alto grau de igualdade é um objetivo válido, então impostos progressivos podem ser a ordem do dia. A maioria das pessoas provavelmente preferiria essas soluções a, por exemplo, deixar que as pessoas ricas decidam se querem ou não pagar mais impostos ou pedir que "consumidores conscientes" viagem menos de avião para evitar as grandes emissões de CO_2.

Do mesmo modo, o debate sobre a sustentabilidade deve ser baseado em discussões políticas sobre a direção na qual queremos que a sociedade siga, assim como quanto dano a natureza e o meio ambiente são capazes de suportar. É claro que é bom quando indivíduos separam seu lixo de forma espontânea, mas isso, sem dúvida, funciona melhor e mais efetivamente quando medidas são introduzidas no âmbito coletivo – e sob controle democrático, de modo que os eleitores possam influenciar o sistema de reciclagem. Problemas sociais devem ser solucionados politicamente, não privatizados no âmbito do indivíduo, assim como problemas privados não devem estar sujeitos à intervenção governamental (aliás, como distinguir entre questões políticas coletivas e individuais é um importante debate político). Também é aqui que as discussões sobre sustentabilidade e desigualdade se encontram, porque, em sociedades altamente desiguais, as soluções para os problemas coletivos são cada vez mais privatizadas para os indivíduos. Falamos sobre a individualização dos problemas sociais, como quando, por exemplo, o indivíduo – a despeito de altas taxas nacionais de desemprego – é acusado de não ter motivação para procurar emprego. Isso pode ser verdade, mas o problema maior provavelmente é a escassez estrutural de empregos, caso em que é injusto obrigar o indivíduo a encontrar "soluções biográficas" para "contradições sistêmicas", como disse o sociólogo alemão Ulrich Beck em sua crítica da individualização.[15] Beck foi o criador da teoria da sociedade de risco, que ele definiu como nossa tentativa de lidar com as incertezas geradas pela própria sociedade moderna. É claro que a vida sempre foi incerta e arriscada, e a humanidade já teve que responder coletivamente a terremotos, enchentes, secas etc. Mas, subitamente, com a modernidade e todas as suas consequências – industrialização, tecnologia, urbanização e racionalização –, os riscos primários (poluição, superpopulação, mudanças climáticas etc.) agora surgem do comportamento da própria sociedade. As principais ameaças à humanidade já foram apresentadas pela natureza; agora, são autoinfligidas. Nós somos a causa de nossos problemas, e eles só podem ser resolvidos no âmbito da sociedade que os criou. No Antropoceno, novas

32 Viver com moderação

tecnologias criaram novos problemas e riscos que – quase paradoxalmente – agora buscamos enfrentar desenvolvendo novas tecnologias. Ainda não sabemos se teremos sucesso na criação de uma "tecnologia verde" capaz de solucionar os problemas criados pela variedade antiga e ineficaz, mas, nesse meio-tempo, é crucial que façamos mais do que apenas desejar passivamente que as futuras tecnologias nos salvem. Um passo útil seria redescobrirmos coletivamente as antigas virtudes da frugalidade e da arte da moderação como maneiras de nos contrapormos à aceleração social e seus efeitos danosos.

Recebendo menos do que nos é devido

Nos capítulos seguintes, estudo e recomendo o valor de aceitar menos do que nos é devido. Para o indivíduo moderno que pensa em termos de otimização e análises de custo-benefício, isso é quase um sacrilégio. Na vida, não temos que "aproveitar tudo" e obter o máximo possível no maior número de possibilidades? Não necessariamente. Não só em nossas vidas cotidianas, mas também em contextos políticos, pode haver boas razões para aceitarmos menos do que achamos merecer. Num instigante livro chamado *On Settling* [*Sobre a acomodação*], o filósofo político Robert Goodin se refere a pesquisas de historiadores e cientista políticos que mostram que, após um conflito entre países ou grupos (incluindo guerras), é mais provável que a paz perdure se a parte vitoriosa aceitar menos do que poderia ter recebido. O alerta mais óbvio da história é o comportamento dos vitoriosos após a Primeira Guerra Mundial e as imensas reparações exigidas dos alemães derrotados.[16] Embora a importância histórica dessa vingança contra a Alemanha seja alvo de debate (escrever história contrafactual é notoriamente difícil), há fortes evidências sugerindo que os problemas que ela causou no país ajudaram a pavimentar o caminho para Hitler e os nazistas – e, portanto, indiretamente, para a Segunda Guerra Mundial e os desastres que ela produziu. Logo após a Primeira Guerra Mundial, o economista John Maynard Keynes avisou que as reparações levariam a uma "paz cartaginense", referindo-se ao impiedoso tratamento dado pelos romanos a Cartago após a Segunda Guerra Púnica. Se queremos aprender com a história, vale a pena considerarmos o que poderia ter acontecido se os vitoriosos tivessem sido menos gananciosos após sua vitória em 1918.

Aceitar menos do que se poderia ter é uma forma de magnanimidade que os filósofos antigos chamavam de *meionexia*. De acordo com a maioria dos pensadores políticos, o objetivo normativo após uma guerra deveria ser não a vingança cega, mas a *jus post bellum* (a justiça após a guerra). *Meionexia* é a chave.[17] Um aspecto dessa virtude é que, para nos acomodarmos com menos do que poderíamos ter, é necessário ter uma mente madura e culta. É difícil não ter algo desejável que está a nosso alcance. De acordo com o cientista político Benjamin Barber, que critica ferozmente a sociedade de consumo em seu livro *Consumido: como o mercado corrompe crianças, infantiliza adultos e engole cidadãos*, a necessária maturidade intelectual está em falta.[18] Barber acredita que a sociedade de consumo nos infantiliza. Lembre-se dos slogans de marketing no início deste livro, exortando-nos a querer tudo e a querer agora! Barber mostra como o capitalismo girava em torno da produção de bens e mercadorias, com foco na eficiência e na confiabilidade, ao passo que o capitalismo consumidor moderno gera necessidades e desejos. É claro que as pessoas sempre tiveram necessidades, mas a economia se esforçava para atendê-las, ao passo que a ênfase agora é criar novas necessidades. Muitas empresas têm orçamentos de marketing que ultrapassam o custo de manufatura de seus produtos – praticamente todo o maquinário da sociedade está voltado para gerar insatisfação com o que você tem (porque não é o mais novo ou mais elegante) e uma luxúria quase descontrolada por algo novo e diferente. A maioria de nós sabe disso. Não demora muito para que meu carro novinho em folha, que desejei ao ponto da obsessão, torne-se o "novo normal" e eu me veja querendo um carro diferente. Esse comportamento constrangedor e supostamente infantil é subitamente desejável. Outrora um vício, agora é uma virtude. Como crianças, devemos "querer tudo". Acho que depreciamos as crianças quando usamos o termo "infantil". As evidências sugerem que, na verdade, as crianças são generosas e possuem forte senso de justiça.

UMA VIDA NÃO TÃO SIMPLES

Obviamente, essa tendência a uma mentalidade de consumo desenfreado, em relação tanto aos bens materiais quanto, talvez, aos relacionamentos humanos, tem sido criticada ao longo dos anos, e várias alternativas emergiram. Há dez ou quinze anos, o conceito de "vida simples" se tornou bastante popular, e best-sellers sobre o fenômeno foram publicados em diversas línguas. A vida simples se tornou um verdadeiro movimento, mas, quando faço uma busca no Google hoje, a maioria dos resultados é sobre design de interiores e a sofisticada mobília escandinava. A se julgar pelas fotografias, a vida simples custa muito caro! Por que esse modo de pensamento durou tão pouco? Talvez porque era dirigido principalmente aos abastados e cheios de recursos, capazes de viver de modo simples e prazeroso, com tempo para meditar e encontrar a paz interior. Para a maioria das pessoas, essa não é uma opção real. Elas têm contas para pagar e marmitas para preparar.[19]

Em sua análise do movimento "vida simples", o filósofo Jerome Segal concluiu que o movimento era simplesmente individualista demais e que logo se transformou em mera autoajuda.[20] Ele não acha que isso diminua a essência positiva de suas ideias, mas argumenta que foi um movimento "como", ou seja, oferecia um caminho para a felicidade aos privilegiados, mas não continha nenhuma dimensão social ou consideração profunda sobre os valores subjacentes. Tornou-se uma filosofia de vida sem nenhum conteúdo filosófico. Em seu livro *Graceful Simplicity* [*Simplicidade graciosa*], Segal (que, curiosamente, trabalhava para o Comitê de Orçamento da Câmara dos Estados Unidos) tentou delinear uma base econômica e política para uma vida mais simples e sustentável. Na opinião dele, isso envolveria confrontar o pensamento econômico contemporâneo e se voltar para Aristóteles, que, há dois milênios, fez a pergunta fundamental: qual é o propósito da economia? Segal e Aristóteles responderam que não é nos fornecer mais e mais, mas, sim, nos desprender financeiramente para termos uma boa vida. É inútil, portanto, discutir economia sem qualquer concepção do que constitui uma boa vida. Muitos economistas alegariam que a boa vida consiste na realização dos desejos e preferências individuais – quaisquer que sejam. Segal, como Aristóteles, acha que é possível discutir a legitimidade de nossas preferências de maneira racional, inclusive à luz de valores éticos. A maioria de nós tem preferências que não são particularmente desejáveis, porque são imorais ou não muito sustentáveis. Muita gente quer ser tão rica quanto puder, mas Aristóteles acreditava que o dinheiro rapidamente pode se tornar excessivo e distrair as pessoas do que realmente é importante na vida. Defensores posteriores da simplicidade, como o filósofo do século XIX Henry David Thoreau, também observaram que as pessoas precisam de muito pouco para viver bem, porém, ainda assim, se submetem à labuta incessante.

Além de discutir várias propostas específicas para uma vida mais simples, Segal acredita que uma maneira de nos afastarmos da sociedade de consumo é tornar o valor inerente do trabalho o foco da economia. Frequentemente se diz que, se estamos engajados em algo significativo, o trabalho é quase a própria recompensa – sugerindo que é do conteúdo qualitativo de nosso trabalho que devemos retirar satisfação. No entanto, muitas pessoas sentem que não têm um trabalho significativo. Num estudo britânico realizado em 2015, 37% dos entrevistados declararam que seu trabalho *não* contribui significativamente para o mundo.[21] Já 50% deles achavam que seu trabalho era significativo. Não é difícil imaginar como seria fácil se alienar de seu trabalho se você o achasse sem sentido – ou pior, se achasse que o mundo seria um lugar melhor se ele deixasse de existir.

O antropólogo anarquista David Graeber argumenta que o mundo está cheio de "empregos idiotas" sem função social útil.[22] Num emprego idiota, o valor qualitativo não é uma preocupação. Tudo que importa é o aspecto quantitativo: "Quanto é o salário?". No entanto, se formos capazes de identificar o que tem sentido inerente na vida, será mais fácil focarmos isso e ignorarmos aquilo que é vazio de sentido.[23] O problema é que raramente temos a oportunidade de sequer considerar a questão, já que discussão e reflexão exigem tempo. As últimas décadas de pensamento gerencial, impulsionadas pelas noções de *nova gestão pública* e *manufatura enxuta*, podem ser criticadas por desviar a atenção do conteúdo qualitativo das atividades profissionais em favor do foco em "quanto", "quão rapidamente", "por quanto tempo" e em "obter mais pelo dinheiro investido".

De acordo com Segal, a reflexão sobre o que tem sentido na vida também depende do lazer. Ele celebra o lazer como uma forma de arte que podemos aprender – e que depende de um tipo especial de disciplina. O lazer não é necessariamente sem propósito, incluindo engajar-se em práticas e hábitos ritualizados na companhia de outros. Por exemplo, Segal, que é judeu, defende a importância do *shabat* como forma organizada e disciplinada de lazer em contexto comunitário. A interação ritualizada cria foco coletivo e fornece um refúgio no qual é legítimo relaxar e talvez refletir sobre questões que não sejam as que nos ocupam em nossas vidas profissionais. Isso pode ser feito sob os auspícios de comunidades religiosas, centros comunitários e locais de educação para adultos, mas também na interação cotidiana, durante a qual os membros da família conversam sobre seu dia. No capítulo final deste livro, argumento que as práticas ritualizadas são importantes porque fornecem estrutura para nossas vidas e foco para nossa atenção – frequentemente de modo estético –, o que torna mais fácil abrirmos mão de todas as coisas insignificantes.

ABRIR MÃO DO QUÊ?

Não estou alegando, sequer por um momento, que meu breve resumo dessas questões muito complexas constitui uma análise profunda da insustentabilidade da sociedade de consumo, com sua falta de limites e seus mecanismos que engendram desigualdade. Minha única intenção é delinear desenvolvimentos históricos e políticos a fim de informar as discussões existenciais, éticas, psicológicas e estéticas da arte do autocontrole e introduzir o conceito da necessidade da moderação não como um grande sacrifício, mas como algo positivamente benéfico.

Como dito anteriormente, em certo sentido, esse também era o foco do movimento da vida simples, mas ele se revelou elitista e individualista demais e não definiu precisamente o que precisava ser descartado. Ocorre que a vida simples não é de modo algum simples, porque, para chegar a ela, o indivíduo precisa possuir recursos consideráveis. Se queremos um debate coletivo acerca do que devemos abrir mão como sociedade, precisamos usar nossas instituições democráticas. Precisamos entender que, em nossas vidas individuais, cada um de nós se apoia no coletivo. A diferença entre indivíduo e sociedade não deveria ser apresentada como dicotomia, já que os dois são basicamente interdependentes. Um Estado de bem-estar social como a Dinamarca provavelmente está numa posição melhor que muitos outros países para assegurar o fornecimento de bens essenciais, de maneira que os indivíduos não estejam fadados a se esforçar eternamente por *mais, mais, mais*. Como diz Segal em seu livro, é vantajoso para uma sociedade construir cidades saudáveis e belas, já que as pessoas que vivem nelas não precisam ganhar mais para aproveitar seus benefícios. As pessoas que vivem em comunidades com praças e parques públicos de qualidade acham menos necessário ter o próprio jardim; se a sociedade fornece boas bibliotecas, bons museus e transporte público decente, estamos mais próximos de um modo de vida que Aristóteles teria apreciado. Aliás, tudo isso seria possível sem a subjugação de mulheres e escravos que, no tempo de Aristóteles, permitia que cidadãos livres do sexo masculino gozassem de uma vida dedicada à discussão filosófica coletiva. Segal menciona ler livros como símbolo de uma vida de simplicidade. Para ele, a alegria da literatura é o maior presente que podemos dar aos nossos filhos. Eu concordo, mas acrescento que outros processos e atividades valiosas podem complementar os livros ou cumprir a mesma função que eles. A questão em relação aos livros é que a leitura deles pode ser gratuita (se pegarmos o livro emprestado na biblioteca, por exemplo), mas uma boa educação é necessária para apreciá-los adequadamente. Do mesmo modo, uma boa educação é essencial se queremos que nossos filhos aprendam a arte da moderação – já que isso não é algo que dominamos automaticamente.

Isso nos leva ao dilema crucial por trás do argumento político para aprendermos a nos virar com o que temos: se começamos a decidir pelos outros do que eles devem abrir mão, isso não vai contra o espírito da democracia liberal? Cada indivíduo não deveria ser livre para decidir por si mesmo? Eu respondo que tal liberdade *é* um valor fundamental, mas que, atualmente, isso entra em conflito com o desejo legítimo de solucionar as crises discutidas neste capítulo. De um lado, não devemos sacrificar a liberdade individual no altar de um Estado-babá, mas, de outro, precisamos reconhecer que a liberdade não pode ser definida apenas negativamente – como liberdade *da* interferência de outras pessoas. Ela também pode ser entendida positivamente, como liberdade para ler, escrever, calcular, raciocinar, participar da democracia e assumir responsabilidade por nossas vidas, assim como pela vida do coletivo. Essa liberdade pressupõe uma mente madura e o desenvolvimento de certos entendimentos e habilidades, quer o indivíduo os queira ou não. A liberdade também implica um senso de solidariedade – o que, com efeito, é precisamente do que trata este livro: a disposição de não ter algo quando isso beneficia alguém cuja necessidade é maior. Se ninguém está disposto a abrir mão de nada, a vida se torna um conflito entre indivíduos que juntam o máximo possível para si mesmos, e isso só dá liberdade aos mais fortes. O dilema entre liberdade e coerção está, de certa maneira, no cerne de toda pedagogia – temos que ser *forçados* à educação a fim de sermos capazes de ser *livres*. Em minha opinião, deveríamos nos lembrar disso em todas as nossas discussões políticas.

2
Buscar o bem

Em abril de 1989, minha avó me deu um poema de Piet Hein como presente de crisma. Hein foi matemático, designer e inventor, mas ficou mais conhecido por seus vinte volumes de poemas curtos, muitos deles em inglês, chamados *grooks*. Minha avó datilografou o poema num papel verde e o enviou ao poeta, que o autografou e enviou de volta. Na época, não entendi completamente o significado, mas guardei as palavras, e a importância delas foi aumentando ao longo dos anos. Desde então, aprendi a apreciar todo tipo de poesia moderna e estou consciente de que muitas pessoas consideram Hein superficial e banal, mas "meu poema" tem muitas excelentes qualidades, apesar de sua natureza – ou talvez exatamente por causa dela. Ele se chama "Você não deve querer tudo":

Você não deve querer tudo.
Você é somente uma parte.

Você possui um mundo no mundo.
Você precisa tornar *esse* mundo completo.
Escolha somente um caminho
e se atenha a ele.
Outros caminhos devem esperar.
Sempre retornamos.

Não se esconda dos problemas.
Confronte-os aqui e agora.
A finitude é a própria coisa
que faz tudo valer a pena.
Esse é o Agora que você precisa ser
e fazer e ao qual deve se submeter.
Isso é finitude.
Nunca retornamos.

Vários temas desse curto poema me influenciaram como psicólogo interessado em filosofia, especialmente a noção de que é a finitude que "faz tudo valer a pena".[1] Também encontrei inspiração na ideia de "uma parte", de tornar sua pequena parte do mundo completa, algo que só é possível se você não "quiser tudo". Se quiser tudo, a vida se tornará uma massa difusa e disforme e nada será completo. De modo similar, o teólogo e filósofo K. E. Løgstrup, em *The Ethical Demand* [*A demanda ética*], escreveu sobre "a vontade de dar forma", que considerou um dos fenômenos básicos da vida, não só para artistas, mas "algo basicamente humano, nativo a qualquer pessoa, mesmo que tenha pouca relação com o que geralmente chamamos de arte".[2]

Dar forma a sua vida é, literalmente, praticar a *arte* existencial de viver, que só é possível se estamos dispostos a abrir mão de outras coisas. Se sua vida adquire certa forma, entende-se logicamente que ela não tem uma miríade de outras – você abre mão delas. Para Løgstrup, esse não é um conceito apenas existencial – aplicado à vida do próprio indivíduo –, mas aplica-se também ao modo como as pessoas vivem suas vidas umas com as outras. Ele escreveu sobre a "tirania do sem-forma" que frequentemente reina quando tentamos nos livrar das regras e convenções sociais. Convenções e boas maneiras, às vezes, são consideradas um pouco opressivas – por que não podermos ser espontâneos e "autênticos"? Porque o fim das convenções não conduz necessariamente à liberdade (embora possa conduzir, como no caso das convenções que, no passado, foram empregadas para oprimir as mulheres). Ao contrário, muito frequentemente – como notou o sociólogo Richard Sennett –, isso leva à falta de liberdade e empodera ainda mais os mais fortes.[3] As formas externas fornecem uma estrutura para nos expressarmos livremente quando estamos com outras pessoas. A fim de que algo possa ter importância duradoura para o indivíduo num aspecto puramente pessoal, uma forma de vida existencial é necessária.

Esse, presumivelmente, também foi o argumento por trás da famosa frase de Søren Kierkegaard em *Discursos edificantes em vários espíritos* (1847): "Pureza de coração é desejar uma única coisa".[4] Ele se apressa em acrescentar que "se for possível que o homem deseje uma única coisa, então deve desejar o bem". De primeira, é difícil aceitar isso, porque é

46 VIVER COM MODERAÇÃO

fácil imaginar tanto ditadores malévolos quanto idealistas míopes desejando "uma única coisa", mas o que eles desejam não é necessariamente bom e pode prejudicar os outros. No entanto, Kierkegaard afirmou que "o bem é uma única coisa", e é por isso que "a pessoa que deseja algo que não é o bem não deseja verdadeiramente uma única coisa. É uma ilusão, um engano, um autoengano achar que se deseja uma única coisa. Pois, em seu íntimo, sua mente está fadada a estar dividida".[5] Claramente, "uma única coisa" significava algo diferente para Kierkegaard do que significa para nós hoje em dia. Se você desejar algo obsessivamente – como se vingar ou escrever um best-seller – e dedicar toda a sua vida a essa empreitada, então só aparentemente deseja uma única coisa, pois seu objetivo não é o bem. Se descobrisse que a pessoa da qual gostaria de se vingar é inocente, você provavelmente começaria a questionar a legitimidade de sua sede de vingança, o que revelaria uma mente dividida. Deve ter sido algo assim que Kierkegaard quis dizer e, como pensador religioso, ele se referiu a Deus como garantidor do bem e, portanto, da pureza de coração. Falando de modo estrito, só podemos desejar uma única coisa se desejamos o bem, pois somente o bem é completo e indivisível.

Se formos desejar uma única coisa, ela deve, consequentemente, estar relacionada com o bem. Se desejamos o bem "para obter recompensas", escreveu Kierkegaard, então, basicamente, não desejamos uma única coisa. Ele demonstra isso com uma analogia: "Se um homem ama uma mulher por causa de seu dinheiro, quem o chamaria de apaixonado? Afinal, ele não ama a mulher, mas, sim, o dinheiro".[6] Desejar uma única coisa significa, portanto, desejar o bem, não em busca de recompensas ou por medo de punição, mas precisamente porque é o bem: "O bem é sua própria recompensa, sim, isso é uma certeza eterna. Não há nada tão certo, e é tão certo quanto é certo que há um Deus, porque ambos são um e o mesmo".[7] Aqui, Kierkegaard associa Deus à ideia de que o bem é uma recompensa em si mesmo; o bem é o próprio propósito. Quer concordemos ou não com esse conceito de Deus, Kierkegaard se mostra um incisivo crítico da instrumentalização tão prevalente em nossa época, na qual mais e mais fenômenos são considerados valiosos somente quando temos algo a ganhar com eles.[8] Se fazemos algo para "ganhar alguma coisa", então, estritamente falando, não desejamos uma única coisa e, de acordo com a análise de Kierkegaard, estamos fadados a permanecer com a mente dividida. Isso se dá porque motivações e preferências pessoais são naturalmente complexas e mutáveis, ao passo que o bem é uma única coisa. Como resultado, a "pureza de coração" requer que aprendamos a desejar o bem por si mesmo. De acordo com Kierkegaard, isso não levará à opressão sob o jugo do dever, mas nos libertará: "É muito diferente – a pessoa que deseja verdadeiramente o bem é a única pessoa livre, livre através do bem. Quem deseja o bem apenas por medo da punição não deseja verdadeiramente o bem e, consequentemente, torna-se escravo do bem".[9]

Que a pureza de coração consiste em desejar uma única coisa não é uma observação psicológica empírica, da maneira como a entendo. Na realidade, nossos desejos e impulsos psicológicos mais ou menos legítimos incluem vários motivos e justificativas que raramente compreendemos na totalidade.

Essa é uma declaração existencial que diz algo sobre um conjunto ideal de condições básicas para a vida, e é por isso que Kierkegaard insiste na existência do bem. Em que extensão é possível ser motivado pelo bem é outra questão, que nos leva à psicologia. Mas há muitos testemunhos sobre a importância radical do bem na vida – um exemplo está no livro *Dying We Live* [*Ao morrer, vivemos*], editado por Gollwitzer *et al.*, que compila comoventes cartas escritas a entes queridos por pessoas detidas pelos nazistas e sentenciadas à morte durante a Segunda Guerra Mundial.[10] Um jovem alemão, potencialmente com a vida toda diante de si, escreve aos pais explicando que preferia morrer a se unir à SS. A punição por resistir à demanda da sociedade totalitária de se juntar ao sistema nazista era a execução. A maioria das pessoas provavelmente concordaria em se juntar às tropas nazistas para salvar a própria vida, mas aqui temos alguém que não comprometeu sua visão do bem e preferiu morrer a sacrificar sua integridade e seu compromisso com ideais éticos. Isso é, de fato, heroico. Felizmente, é raro sermos forçados a tal escolha, mas é psicologicamente interessante – e edificante – que algumas pessoas consigam manter a pureza de coração em situações tão extremas. E lembra um pouco as famosas palavras de Lutero em 16 de abril de 1521, quando foi acusado pela Igreja católica de ter expressado críticas ao papado e suas indulgências: "Aqui estou e não posso ser diferente". Tanto o jovem alemão antinazista quanto Lutero parecem ter pensado que, para continuarem a ser a mesma pessoa, qualquer que fosse o rumo que a vida tivesse tomado, não havia escolha senão permanecerem firmes. É claro que a questão da natureza desse bem sobre o qual vale a pena se manter firme é absolutamente crucial. Como mencionado anteriormente, as pessoas podem acreditar que desejam uma coisa, mas é algo que não vale a pena desejar – e, de acordo com Kierkegaard, na verdade, a mente delas está dividida. Em minha própria tentativa de desenredar isso, argumentei que o bem é algo que possui valor intrínseco e que deveríamos buscá-lo por si mesmo, não para obter algo em troca. No contexto deste capítulo e deste livro, a questão é que desejar algo, no sentido existencial, requer que você aprenda a arte da moderação.

Importando-se com algo

Hoje, a mensagem mais frequentemente pregada não é o conselho do poeta Piet Hein para não querer tudo, mas o contrário. Um exemplo extremo é o mundialmente famoso *coach* americano Tony Robbins, cujos slogans motivacionais acho infinitamente interessantes. A definição de sucesso dele é fazer "o que você quiser, quando quiser, onde quiser, com quem quiser, quanto quiser".[11] Isso pode parecer "pureza de coração", pois indica a importância de desejar *algo*, mas, na verdade, é o exato oposto – porque é sem forma, ilimitado e infinito ("quanto quiser"). E se você não quiser nada bom? E se não valer a pena querer isso? Bem, você ainda será um sucesso, desde que faça o que quiser. E se aquilo que você quiser mudar constantemente? Bem, então você terá que pular de uma coisa à outra a fim de não correr o risco de não ter algo melhor. A observação de Kierkegaard de que desejar uma única coisa *precisa* estar relacionado ao bem (pois apenas o bem é uma coisa única) é altamente relevante aqui. Sem uma referência ética, o desejo é aleatório, controlado unicamente pelas vontades e preferências mais ou menos passageiras do indivíduo.

O filósofo Harry Frankfurt, mais conhecido por seu bem-humorado ensaio *Sobre falar merda*, escreveu um artigo seminal da filosofia moderna chamado "A importância daquilo com que nos importamos".[12] Nele, Frankfurt busca elaborar esse tema existencial. Em vez de focar o puramente epistemológico ("O que eu deveria pensar?") ou o puramente moral ("Como eu deveria agir?"), o artigo se preocupa simplesmente com aquilo com que deveríamos nos importar em nossas vidas. O que tem profundo sentido existencial?

Frankfurt diz que essa última pergunta está relacionada à ética, mas não só no sentido estrito, porque as pessoas se importam com muitas coisas sem necessariamente submetê-las a uma avaliação especificamente ética. Um exemplo é fornecido pela dra. Lise Gormsen, professora do departamento de psiquiatria da Aarhus University. Ao conhecer uma idosa com dor crônica numa ala de cuidados paliativos, Gormsen perguntou pelos problemas e preocupações dela. Surpreendentemente, a velha senhora estava preocupada não com as dores no corpo, mas com o fato de não ter podado suas rosas.[13] Mesmo aqueles que não cultivam rosas conseguem entender. Cuidar de rosas não é uma questão ética ou moral no sentido tradicional,[14] mas, mesmo assim, pode ser significativo para uma pessoa que devotou à tarefa tempo e energia. É isso, acredita Frankfurt, que a filosofia precisa ser melhor em reconhecer: que há coisas com as quais nos importamos na vida. Além disso, como frequentemente nos identificamos com as coisas com as quais nos importamos, isso explica nosso sentimento de vulnerabilidade caso algo aconteça com elas (por exemplo, se as rosas morrem).

Para Frankfurt, é crucial a diferença entre se importar e simplesmente sentir desejo ou luxúria. Você pode sentir um breve desejo por algo e esquecer um minuto depois. Mas não pode se importar com algo por um momento isolado. Só é possível se importar no longo prazo quando isso se torna parte da maneira como você vive sua vida e de sua identidade – em outras palavras, quando adquire uma espécie de pureza de coração. Frankfurt também enfatiza que as coisas com as quais nos importamos geralmente estão fora da influência de nossa vontade. Podemos fazer o melhor – podemos regar, podar e adubar as rosas –, mas não temos garantia de sucesso. Como resultado, importar-se com algo sempre implica o risco de nos decepcionarmos ou sofrermos. Esse é o preço do amor, como se diz frequentemente (e corretamente). Em contrapartida, há algo libertador em correr esse risco, em aceitar que certos aspectos do mundo estão fora de nosso controle. Como observa Frankfurt, esse é um tema recorrente nas tradições morais e religiosas. Somos nosso melhor como seres humanos, diz ele, quando "escapamos de nós mesmos" através da razão e do amor.[15] Ao empregarmos a razão – que é impessoal, no sentido de que todos a temos –, libertamo-nos da prisão da subjetividade e do egotismo. Isso também se aplica se nos abrimos para um amor pessoal e relacional. A habilidade de nos importarmos permite que nos rendamos a algo (por exemplo, ao melhor argumento ou ao ser amado), e, ao fazer isso, dotamos nossa vida de forma e nossas ações, de integridade. No entanto, isso também envolve um risco de decepção e derrota – talvez meu argumento seja mais fraco que o daquele com quem debato ou talvez a pessoa que amo me abandone. Nessas circunstâncias, devemos novamente praticar o desejo por uma única coisa – o bem –, colocando maior ênfase na verdade que em vencer o debate ou no fato de que nosso amor pode não ser correspondido. A pureza de coração é desejar uma única coisa. Não para obter algo em troca – caso em que não se trata de pureza de coração, mas de uma transação financeira –, mas porque nos importamos com o que vale a pena querer e, consequentemente, isso é, em si mesmo, uma coisa única.

O MITO DO POTENCIAL HUMANO

Quando Kierkegaard identificou a importância existencial de desejar uma única coisa, ficou claro que fazer isso está associado a grandes riscos. Pode-se até mesmo dizer que está quase certamente fadado ao fracasso. Não porque o bem não seja uma única coisa – de acordo com Kierkegaard, ele o é por definição –, mas porque os seres humanos são falhos e raramente chegam a ter corações completamente puros, exceto em casos raros, como o do jovem alemão mencionado aqui. O risco é o de que, ao desejarmos uma única coisa, terminemos decepcionados porque falhamos em algum ponto do caminho. Mas é um risco que vale a pena. É o risco que corremos quando nos casamos e dizemos sim para um compromisso de uma vida inteira, a despeito de sabermos muito bem que quase metade dos casamentos termina em divórcio. É o risco inerente de desejarmos uma única coisa num relacionamento amoroso com outra pessoa e vivermos ao lado dela durante anos somente para descobrir que ela foi infiel e pode até mesmo nos abandonar. Todos aqueles anos foram desperdiçados? Fomos enganados? Kierkegaard nos consolaria dizendo que não. Se desejamos o bem num relacionamento, então ele tem uma veracidade que não desaparece juntamente com a outra pessoa, mesmo que nos sintamos decepcionados. Ao abrirmos mão de todas as outras sedutoras oportunidades de amor que podem se apresentar ao longo do caminho, tornamo-nos vulneráveis. Mas as alternativas são piores. Uma alternativa é não nos importarmos com nada em particular por não querermos nos restringir e preferirmos experimentar o máximo possível. No sentido usado por Kierkegaard, isso leva a um tipo de desespero estético, e a vida se transforma numa longa caçada pela experiência seguinte. Vivemos uma vida sem forma específica porque tentamos desejar não uma única coisa, mas tudo – uma iniciativa fadada ao fracasso. A outra alternativa é tentar extinguir o desejo completamente, ou seja, desejar o mínimo possível porque o risco de decepção envolvido em desejar algo específico é alto demais. Não ousar desejar provavelmente é o ponto mais baixo a que uma pessoa pode chegar – o caçador de experiências inquieto ao menos tem seus prazeres e diversões. Uma das características-chave da depressão é aquilo que médicos e psicólogos chamam de *anedonia*, da qual um dos sintomas é a falta de desejo. Um pequeno número de ascetas pode ser capaz de eliminar o desejo sem muitos efeitos nocivos, mas, para o restante de nós, a ausência de desejo (que, afinal, é psicologicamente motivador) é extremamente debilitante. Para a maioria das pessoas, tal ausência seria pior que a decepção de não conquistar aquilo que almejavam. Mas isso só torna almejar a coisa certa ainda mais importante.

Um tema central do conceito moderno de humanidade é o *interior*: aquilo que almejamos deve vir de dentro; é uma questão de nos realizarmos e alcançarmos todo o nosso potencial. Hoje em dia, de acordo com o psicanalista Adam Phillips – que escreveu um dos poucos livros sobre a importância da moderação –, somos assombrados pelo mito de nosso próprio potencial.[16] Como Platão relatou em *Apologia*, ao ser sentenciado à morte, Sócrates disse: "Se […] digo que o maior bem para um homem é justamente este, falar todos os dias sobre a virtude e os outros argumentos sobre os quais me ouvistes raciocinar, examinando a mim mesmo e aos outros, e, que uma vida sem esse exame não é digna de ser vivida, ainda menos me acreditaríeis, ouvindo-me dizer tais coisas". Em outras palavras, Sócrates acreditava que a vida só valia a pena quando era sujeitada a escrutínio. Mas, com "exame", ele não se referia à contemplação do próprio umbigo a que as pessoas se entregam quando olham para dentro e buscam entender sua vida e suas oportunidades únicas. Sócrates desejava discutir o que constitui "uma pessoa decente" e como se transformar nela. Na Grécia Antiga, a filosofia não era um veículo para o "desenvolvimento pessoal", uma ferramenta para compreendermos nosso eu mais verdadeiro. Ela tratava de justiça, beleza e bondade – de se tornar o melhor ser humano possível. Em seu livro, Adam Phillips reformula o pensamento de Sócrates para argumentar que a vida não vivida é digna de ser examinada. E o que ele quer dizer com isso?

A premissa de Phillips é que a vida não vivida – a vida que vivemos em nossa imaginação, na arte e em nossos sonhos – frequentemente é mais importante para nós do que a vida realmente vivida. Isso não significa defender o escapismo irresponsável – ao contrário, é o reconhecimento de que, em grande extensão, são as coisas que optamos por não fazer e omitir que nos tornam quem somos. Os existencialistas alegam que os indivíduos são definidos por suas ações. Eles não estão completamente errados, mas precisamos levar em conta que somos igualmente definidos pelo que *não* fazemos. Somos formados por aquilo de que abrimos mão, não só pelas coisas que escolhemos. Somente assim a vida adquire a forma que Løgstrup considerou existencialmente crucial. No entanto, como Phillips aprendeu com seus pacientes, ser moderado se tornou difícil: "Quando a promessa de imortalidade, de ser escolhido, foi substituída pela promessa de mais vida – pela promessa de obter mais da vida –, a vida não vivida se tornou uma presença persistente numa vida legitimada por nada mais que o desejo de vivê-la".[17] Se *esta* vida é a única que esperamos viver, então ficamos quase obcecados por viver e experimentar *o máximo possível*. Também ficamos obcecados por ter tudo, o que não somente é perturbador para o indivíduo como, no fim das contas, destrutivo para a sociedade e a cultura – pois como poderíamos satisfazer o desejo infinito por mais e mais? Como podemos pisar no freio e dizer que basta? Phillips cita o sociólogo e crítico cultural Philip Rieff, que escreveu que o caminho para o segredo mais profundo da moralidade e da cultura é o conhecimento do que evitar. Mas, hoje em dia, considera-se melhor não evitar nada! Recentemente, ouvi um interessante podcast no qual jovens *geeks* discutiam a digitalização da vida sexual por meio da internet. Novas oportunidades de prazer sexual, como robôs e formas anteriormente inimagináveis de pornografia, surgem o tempo todo. Todos os participantes achavam importante experimentar tantas quanto possível. E por que não? É praticamente impossível rejeitar algo novo e excitante sem parecer tedioso e reacionário. Eu me interesso pelo apelo do "novo" desde que li uma entrevista com o grupo musical de *techno* The Overlords enquanto ainda estava no colégio. Na entrevista, eles disseram que, se tivessem que escolher entre algo antigo, mas bom, e algo novo, mas pior, escolheriam o novo simplesmente por ser novo. Não afirmo que essa posição – que, estritamente falando, é absurda – seja universalmente aceita, mas defendo que nosso medo de ficarmos de fora (FOMO) significa que muitos de nós estão mais perto dela do que gostaríamos de admitir.

VOCÊ NEM SEMPRE PODE TER O QUE QUER

Mas por que deveríamos querer experimentar o máximo possível? O que temos a ganhar com todas essas novas experiências? Não há prêmio para a pessoa que chega primeiro ou faz mais – todos cruzaremos a linha de chegada em algum momento, pois a morte espera a todos. As análises deste livro até agora indicam que a ânsia de tentar de tudo surgiu da ideia de um infinito e insaciável *mais*, que é parte intrínseca da cultura capitalista moderna. A ideia adquire força quase religiosa quando casada com a filosofia *"Just do it!"* e o imperativo de fazer o máximo possível antes de morrer. No entanto, se a leitura histórica do surgimento dessa ideia for válida, ela não é parte intrínseca da natureza humana. Ao contrário, muitas culturas – talvez a maioria – historicamente se basearam não em fazer mais, mas em ser parte produtiva dos ciclos naturais. A primeira transição histórica significativa ocorreu com o surgimento da agricultura, quando os humanos começaram a refinar e otimizar seu relacionamento com a natureza. A segunda ocorreu com a Revolução Industrial e a ideia de acúmulo, como analisada pelo sociólogo Max Weber em seu livro sobre a ética protestante.[18] De acordo com Weber, o maior bem na ética de trabalho protestante é ter mais e mais dinheiro – um fenômeno puramente instrumental que se tornou um objetivo em si mesmo à custa da felicidade pessoal. Com o advento do *novo* capitalismo no século XX, a ética baseada em deveres e necessidades da sociedade industrial se fundiu aos poucos à ética baseada em prazeres da sociedade de consumo. Agora, não é somente o *acúmulo* de capital que é um objetivo em si mesmo, mas também a *realização* do capital através do consumo e da autorrealização. Todo mundo agora tem direito a tudo que quiser, sempre que quiser (embora dentro dos limites da lei).

Em 1969, após a rebelião contracultural daquela era (que, na realidade, envolveu somente uma minúscula minoria da população), Mick Jagger, dos Rolling Stones, cantou: "Você nem sempre pode ter o que quer/ Mas, se tentar, talvez descubra/ que pode ter o que precisa". Este capítulo buscou fornecer uma razão existencial para que você, ao ouvir que nem sempre pode ter o que quer, responda: "Ainda bem!". Os desejos humanos são diversos e mutáveis, sobretudo numa sociedade de mídia e consumo na qual somos constantemente bombardeados por tentações e chamados à ação e na qual o mero fato de termos um desejo o torna legítimo. Isso faz com que seja problemático distinguir os desejos significativos dos insignificantes. É difícil defender o argumento de aceitar menos e ainda mais difícil se importar com algo de maneira vinculativa e duradoura. O texto de Kierkegaard sobre pureza de coração pode soar pomposo e estranho aos ouvidos modernos, pois estamos acostumados a olhar para dentro de nós mesmos a fim de encontrarmos direção na vida e sentido para as coisas, mas talvez as palavras dele possam ajudar os leitores modernos a perceber que há um mundo para além de nós mesmos, no qual algo pode ser bom ou ruim independentemente de nossos desejos e preferências. E que talvez possa ser libertador buscar o bem sem levar em conta o potencial ganho pessoal. Se há algum valor nessa ideia, então a ambição de realizar o maior número possível de nossos desejos está longe de ser libertadora. Ao contrário, ao fazermos isso, corremos o risco de nos tornarmos escravos de nossos desejos. Para sermos livres, devemos estar preparados para viver com moderação – em outras palavras, devemos desejar uma única coisa, em vez de desejar tudo e sucumbir a um amorfo sem-forma.

3
O VALOR DA MODERAÇÃO

Filósofos e teólogos passaram milênios ponderando sobre a capacidade da humanidade como espécie ética e moral.[1] Em tempos recentes, a eles se juntaram antropólogos, sociólogos, psicólogos, economistas e pesquisadores de outras disciplinas que também conduziram estudos sobre o que – provavelmente mais que qualquer outra coisa – nos distingue como espécie: a capacidade de agir moralmente (e, por consequência, imoralmente). As perspectivas dos economistas são particularmente dignas de nota, porque há muito eles têm grande influência social sobre nosso entendimento da humanidade. Seu modelo padrão – algo chamado *Homo economicus* – afirma que somos indivíduos racionais que, em qualquer situação, agem em interesse próprio a fim de maximizar o ganho pessoal. Em outras palavras, essa perspectiva nos vê como analistas de custo-benefício determinados a acumular o máximo daquilo que queremos, com o menor esforço possível. Ela deixa pouco espaço para a noção de humanos como

62 Viver com moderação

seres éticos, pelo menos se a ética for entendida como algo que envolve autossacrifício e generosidade incondicional; ou seja, se agir eticamente significa dar algo sem necessariamente esperar alguma coisa em troca.

Nas últimas décadas, essa perspectiva econômica foi desafiada não só por outros economistas, mas também por psicólogos, que conduziram vários experimentos demonstrando que, na prática, frequentemente agimos de maneira diferente da que agiríamos se de fato fôssemos somente *Homo economicus*. O psicólogo Daniel Kahneman até mesmo recebeu um Prêmio Nobel de Economia em 2002 por seu trabalho nessa área (não existe Prêmio Nobel de Psicologia).[2] Um dos experimentos mais famosos a desafiar essa concepção da natureza humana é o jogo do ultimato. Existem muitas variações, mas a ideia básica desse jogo envolve dois indivíduos, um dos quais recebe uma soma de dinheiro, digamos, cem reais, e precisa decidir como ela será compartilhada. A pessoa é livre para ficar com tudo, dividir o dinheiro igualmente com o outro indivíduo ou dividi-lo de maneira desigual. O outro participante, então, decide aceitar ou rejeitar a soma oferecida. Se aceitar a proposta, o dinheiro é dividido da maneira como o proponente sugeriu. Se rejeitar, nenhum deles recebe nada. De acordo com o modelo econômico padrão de comportamento humano, o experimento diz que é racional o segundo indivíduo aceitar qualquer quantia oferecida. Se ele receber um centavo e o proponente ficar com R$99,99, ainda assim é melhor ter um centavo do que nenhum. Mesmo que nada lhe seja oferecido (ou seja, mesmo que o proponente pretenda ficar com todo o dinheiro), não há motivo racional

O *valor da moderação* 63

para rejeitar a decisão, porque o fato de o primeiro indivíduo não receber o dinheiro não influencia de modo algum o que o segundo teria recebido. Mas a realidade não funciona assim. Os experimentos demonstraram que temos a forte tendência de rejeitar qualquer coisa que percebamos como injusta – mesmo que enfrentemos perdas pessoais ao fazer isso. Ao menos, esse é o caso em alguns contextos culturais, embora haja variações significativas ao redor do mundo. Na Europa Setentrional, muitas pessoas se recusarão a aceitar qualquer quantia que considerem injusta (porque acham que a outra pessoa está recebendo desproporcionalmente mais), mesmo que isso signifique não receber nada. Em alguns casos, parece que o senso de justiça – e talvez o desejo de punir um adversário mesquinho – é mais forte que o desejo de "extrair o máximo possível da situação".

O aspecto mais interessante do jogo do ultimato é ver se a pessoa a quem é oferecida certa soma em dinheiro ou dinheiro nenhum rejeita ou aceita a proposta. Uma versão ainda mais simples, que só considera a pessoa fazendo a oferta, é chamada de jogo do ditador. Nessa versão, o proponente é completamente soberano e tem o poder ditatorial de dividir a quantia, ao passo que o outro participante não tem nenhuma influência e é obrigado a aceitar o que lhe for oferecido. Se nada for oferecido a ele, bom, a vida é assim mesmo; e, se lhe for oferecida metade da quantia, a maioria das pessoas parece achar ótimo. Novamente, o modelo econômico padrão prevê que o proponente (o ditador) desejará ficar com o máximo possível de dinheiro. Se tiver cem reais para alocar, ele ficará com tudo e não oferecerá nada

64 Viver com moderação

ao outro jogador. Na prática, no entanto, os resultados frequentemente são diferentes e podem restaurar parte da fé na humanidade que tínhamos na infância. O fato é que muitos jogadores decidem dar ao outro uma fatia da torta – às vezes, uma fatia bem grande. Christoph Engel, diretor do Instituto Max Planck de Pesquisa sobre Bens Coletivos, com sede em Bonn, na Alemanha, compilou os resultados de mais de cem estudos publicados sobre o jogo do ditador. Ele calcula que, em média, "o ditador" escolhe dar ao outro jogador aproximadamente 28% do valor total[3] (tenha em mente que o outro jogador é um estranho, alguém que o ditador provavelmente jamais encontrará novamente e a quem nada deve). Somente pouco mais de um terço dos "ditadores" fica com todo o dinheiro, ao passo que cerca de 16% dividem a quantia igualmente. E vale notar que 5% dão todo o dinheiro ao outro jogador.

Resultados como esse foram, é claro, tema de intensa discussão. Embora não haja consenso sobre como interpretá-los, parece que as pessoas muitas vezes são muito mais generosas – até mesmo com estranhos – do que o modelo econômico padrão quer nos fazer acreditar. Usando a terminologia empregada neste livro, parece que muitos de nós estão dispostos a abrir mão de algo que poderíamos ter, mesmo sem nenhuma expectativa de recompensa futura. Uma interpretação é que somos fundamentalmente seres éticos, que nem sempre pensam no que é melhor para si mesmos em toda e qualquer situação, que temos um senso de justiça, o que significa que estamos preparados para levar outras pessoas em consideração, incluindo estranhos, e compartilhar com elas. Em outras palavras, somos capazes de estabelecer um panorama da situação e avaliar o que é justo, de maneira relativamente independente de nosso próprio benefício potencial. De certa maneira, deveríamos esperar isso, mas os resultados se tornaram famosos e levaram a Prêmios Nobel por uma razão. Como mencionado, o entendimento econômico que forma a base científica da sociedade moderna é fundamentado numa visão inteiramente diferente da humanidade – uma que diz que somos todos criaturas que querem *mais, mais, mais* e só fazem coisas que as beneficiam. Isso torna esses resultados encorajadores para aqueles de nós que ainda consideram a moderação e a generosidade virtudes éticas. E é precisamente o valor ético inerente da moderação o foco deste capítulo.

O LÍRIO E O PÁSSARO

Uma das lições desses experimentos econômicos é o fato de que a noção dos indivíduos como átomos egocêntricos no interior de uma sociedade motivada somente pelo interesse próprio é tanto simplista quanto enganosa. É claro que agimos de maneira egoísta em várias situações, mas não estamos programados para fazer isso. Não é "nossa natureza". As pessoas querem ser generosas, cooperativas e solícitas se vivem num ambiente que facilite essa atitude. Hoje em dia, muitos psicólogos afirmam que não só somos seres relacionais que buscam companhia, como provavelmente somos assim desde o princípio. O famoso psicólogo do desenvolvimento Donald

66 VIVER COM MODERAÇÃO

Winnicott afirmou de modo radical que, em sentido estrito, "o bebê não existe",[4] porque o bebê nada é sem seus cuidadores. A menor unidade na psicologia do desenvolvimento não é o bebê – que Winnicott considera quase uma abstração –, mas o conjunto bebê-cuidador (em sua época, ele se referiu exclusivamente à mãe como cuidadora, mas hoje reconhecemos que os homens são capazes de desempenhar esse papel). O bebê é basicamente relacional, interage com o mundo e se engaja em relações intersubjetivas. Somente mais tarde, e de modo bastante gradual, ele constrói um entendimento de si mesmo como indivíduo separado e começa a ocultar seus sentimentos – e, mais tarde ainda, a fingir certos sentimentos. Os psicólogos do desenvolvimento, após Winnicott, mapearam fascinantes interações das quais os bebês participam desde seus primeiros momentos, ilustrando que as pessoas basicamente "olham para fora" em suas relações com o mundo e com as outras pessoas. A ideia da filosofia ocidental de que cada um de nós é um espaço psicológico interno e fechado é notavelmente diferente da visão da natureza humana da maioria das outras culturas. Não obstante, foram pensamentos como esse que formaram a base da visão econômica da humanidade, porque, se cada um de nós é um mundo próprio, pequeno e fechado, então logicamente somos autossuficientes e devemos otimizar quaisquer desejos e preferências que tenhamos, a qualquer preço. Em meu livro *Standpoints*, chamei isso de uma espécie de "niilismo passivo": a ideia de que o mundo é desprovido de sentido e valor transforma esses conceitos em coisas que precisamos criar subjetivamente em nosso "mundo interior".[5] Se, no entanto, nos vemos como relacionais, então sabemos que nada somos sem os outros – e não somente outros abstratos, mas indivíduos específicos com quem temos relacionamentos e partilhamos uma história comum.

A toda essa rede de relações humanas, que constitui o material fundamental de nossas vidas, Løgstrup deu o nome de interdependência – uma condição básica de dependência mútua na qual devemos uns aos outros nossa própria existência. Para que essa rede de relacionamentos funcione, precisamos aprender a arte do autocontrole já de início. Não podemos exigir que as coisas sejam feitas à nossa maneira o tempo todo, só porque achamos nossas ideias incríveis. Temos que adquirir certo comedimento, aprender a ouvir os outros e, às vezes, até mesmo a ficar em silêncio. Escrita assim, preto no branco, essa noção soa muito arcaica, porque representa quase o oposto do que somos encorajados a fazer atualmente. Espera-se que sejamos proativos, assertivos e em constante progresso, lendo livros de autoajuda e fazendo cursos de desenvolvimento pessoal. Uma fórmula para o sucesso, como mencionado no capítulo anterior, é fazer "o que você quiser, quando quiser, onde quiser, com quem quiser, quanto quiser" – ao menos de acordo com qualquer "life coach" americano. Soa ainda mais arcaico se, como no capítulo anterior, voltarmos a Kierkegaard e sua "fórmula para o sucesso" (não que ele jamais a tenha chamado assim), como expressada em vários de seus textos e discursos sobre o lírio e o pássaro.[6] Nesses textos, Kierkegaard examina o que as pessoas podem aprender com lírios e pássaros. Sua resposta pode parecer pesada e antiquada, mas também tem

68 VIVER COM MODERAÇÃO

certa poesia peculiar: "silêncio, obediência, alegria!". Com o lírio e o pássaro como professores, Kierkegaard implora à humanidade para, acima de tudo, aprender o silêncio, aprender a se abster de falar. Precisamos aprender isso porque os humanos têm o poder da fala – de outro modo, não haveria razão para aprendermos a arte do silêncio. Como o lírio e o pássaro não têm o poder da fala, seu silêncio não é uma arte, mas a humanidade precisa aprendê-la. Você pode perguntar "por quê?". Para aprendermos a ouvir!

Kierkegaard não estava dizendo que as pessoas devem ser exatamente como o lírio, o pássaro ou qualquer outro organismo que não tenha o poder da fala, mas que achava que eles eram bons exemplos do ponto de vista ético. É claro que as pessoas são criaturas muito mais complexas que lírios ou pássaros, e é por isso que somos capazes de experimentar sofrimento mais profundo que o deles. Nosso sofrimento não vem de nossa habilidade de falar – "pois isso é uma virtude", escreve ele –, "mas de nossa inabilidade de ficarmos em silêncio".[7]

Como pensador cristão, Kierkegaard acreditava que o silêncio expressava reverência por Deus. Embora essa seja a interpretação de um homem de fé, acho que sua análise inclui um conhecimento com aplicações mais gerais, por exemplo: que há uma realidade e que ela é composta por outras pessoas, mas também por uma ordem natural maior a que devemos ouvir, em vez de sempre falarmos e preenchermos tempo e espaço com nossos desejos e observações subjetivos. O escritor norueguês Karl Ove Knausgård fala disso em seu longo ensaio *Om foråret* [*Primavera*]. Em certa passagem, ele

O *valor da moderação* 69

descreve a filha, que está numa festa comendo salsichas com as coleguinhas, o que o leva à seguinte reflexão poética:

> Permaneci onde estava, de pé, com uma mão no bolso e a outra no carrinho de bebê. A trivialidade dos frascos de ketchup e mostarda, das salsichas tostadas e da mesa de camping onde os refrigerantes estavam alinhados era quase inconcebível sob as estrelas, à luz bruxuleante da fogueira. Foi como se eu estivesse num mundo banal observando um mundo mágico, como se nossas vidas se desenrolassem na fronteira entre duas realidades paralelas.
>
> Viemos de muito longe, de uma beleza aterradora, pois um recém-nascido que abre os olhos pela primeira vez é como uma estrela, é como um sol, mas vivemos nossas vidas em meio à mesquinharia e à estupidez, no mundo de salsichas queimadas e mesas de camping bambas. A grande e terrível beleza não nos abandona, ela está presente o tempo todo, em tudo que é sempre o mesmo, no sol e nas estrelas, na fogueira e na escuridão, no carpete de flores azuis sob a árvore. Ela não tem utilidade para nós, é grande demais para nós, mas podemos olhar para ela e podemos nos curvar a ela.[8]

Sim, é sentimental. Mas de que outra maneira poderíamos expressar o fato de que há um mundo, uma natureza, uma totalidade que não criamos, que "não tem utilidade para nós", para a qual só podemos olhar em silêncio e diante da qual só podemos nos prostrar? Vejo Knausgård como uma voz contemporânea tentando dizer a mesma coisa que Kierkegaard expressou, de maneira mais arcaica, com a história do lírio e do pássaro. Ambos falam de algo que quase perdemos o vocabulário para discutir – uma espécie de reverência pelo fato de o mundo existir, reverência que também tem uma dimensão ética.

Isso também se aplica ao tipo de obediência identificado por Kierkegaard, com o que, obviamente, ele quer dizer obediência a Deus, mas também pode ser interpretado, de modo mais geral, como modo de viver que acentua o factual, aceitando que há algo que não pode ser mudado e a que, consequentemente, devemos "obedecer", mesmo que prefiramos "fatos alternativos" que apoiem nosso argumento.

Finalmente, há a alegria de ser, sobre a qual Kierkegaard escreve de maneira muito parecida com os "exercícios de gratidão" da psicologia positiva contemporânea: "que você se tornou um homem; que pode ver – pense nisso, você pode ver! –, que pode ouvir, pode cheirar, pode provar, pode sentir; que o sol brilha sobre você [...] e por amor a você; que, quando o sol está cansado, a lua assume e as estrelas se acendem". Ele continua, enumerando muitos fenômenos com os quais devemos nos regozijar, antes de finalmente concluir: "Se isso não é motivo para se alegrar, então nada é motivo para se alegrar".[9]

De acordo com Kierkegaard (e com Knausgård, à sua própria maneira), silêncio, obediência e alegria são exigências feitas à humanidade que nos dotam de caráter ético e dignidade, mas também aconselham autocontrole, e não desrespeito aos limites. Não foi somente o pensador cristão Kierkegaard que escreveu sobre isso. O comentarista cultural e socialista radical dinamarquês Otto Gelsted também escreveu belamente sobre o assunto em seu poema *"Salmer"* ["Salmos"], publicado na coleção *Enetaler* [*Monólogos*], de 1922. Dessa vez, não são o lírio e o pássaro, mas as árvores, que servem como inspiração ética e existencial:

> Olhar para o próprio umbigo
> é uma vida pobre,
> cutucar nossas feridas
> é um passatempo ruim.
> Olhe para as árvores na cerca,
> vale a pena contemplá-las.
> A maneira altiva, orgulhosa e silenciosa
> como agem.

> Como animais que se agrupam
> contra a umidade da noite,
> as árvores balançam
> sob o sol do entardecer,
> tão confiáveis e seguras
> em suas fantasias de folhas
> como animais com dorsos desgrenhados.
> Pó, sim, elas são feitas de pó!

Há quem diga que a verdade é poética (e outras pessoas podem acrescentar que, consequentemente, é uma pena que as pessoas não suportem poesia!). De qualquer modo, algumas verdades parecem ser mais adequadas à transmissão por meios estéticos (como a poesia) que pela prosa linear ou científica. Talvez isso seja especialmente verdadeiro no caso da identificação ética / existencial do valor de uma vida modesta, no que Kierkegaard chamou de silêncio, obediência e alegria.

O CARÁTER MODERADO NA POLÍTICA E NA ÉTICA

Muito antes de Kierkegaard, Aristóteles também se interessou profundamente pelo valor ético da moderação. Sua ética das virtudes teve um papel importante em *Standpoints*, então farei uma rápida introdução ao pensamento dele.[10] A ideia básica da ética das virtudes é que os humanos são criaturas que, como tudo mais no universo, devem ser entendidas com base em seu propósito. Os humanos são as únicas criaturas dotadas de raciocínio tanto teórico quanto prático e, desse modo, têm a habilidade de refletir científica e filosoficamente sobre o mundo, mas também de agir de maneira moralmente responsável. De acordo com Aristóteles, há valor intrínseco em possuir e empregar essas habilidades. Os traços de caráter necessários para tirar proveito da natureza humana e prosperar na vida (o que os gregos chamavam de *eudaimonia*) são conhecidos como virtudes. Uma virtude, então, é algo que permite a realização de um propósito interior, seja de uma faca (na qual a virtude é cortar bem, o que, muito claramente, é a propriedade definidora de uma boa faca) ou de uma pessoa (na qual as virtudes podem ser muito mais diversificadas e difíceis de definir). Consequentemente, para entender uma pessoa, precisamos entender as virtudes que lhe permitem ser boa (assim como uma faca só pode ser entendida se sabemos o que uma faca deve fazer: cortar bem).

Para Aristóteles, as virtudes estão idealmente posicionadas entre dois polos opostos, algo frequentemente expressado na frase "a virtude é um meio-termo entre dois vícios". Por exemplo, a coragem é uma virtude ética – algo que, de acordo com Aristóteles, é necessário para uma vida completa e próspera – posicionada em algum ponto entre a covardia e a arrogância. Ser corajoso não é o mesmo que ser imprudente ou inteiramente livre de ansiedades e preocupações. É antes uma questão de ousar fazer a coisa certa apesar do medo. O covarde não tem coragem de fazer nada, ao passo que o arrogante se atira de cabeça em todo tipo de ação precipitada. De acordo com a ética das virtudes, ambos são imperfeitos. Uma análise similar pode ser aplicada a outras virtudes, o que implica que a moderação – definida como a habilidade de chegar a um equilíbrio razoável entre dois extremos – é, em si mesma, uma virtude-chave. A pessoa boa sabe, por exemplo, que a generosidade é desejável e certamente melhor que a mesquinharia. Porém, dar tudo que se possui talvez não seja assim tão sábio se isso torna essa pessoa incapaz de alimentar a si mesma e aos filhos. O moderado atinge um equilíbrio entre a mesquinharia e a generosidade ilimitada, entre a covardia e a imprudência, e assim por diante. A palavra grega para "moderação" é *sōphrosýnē*, que pode ser traduzida de muitas outras maneiras (como autocontrole, abordagem comedida etc.) e tinha um papel-chave para os pensadores antigos. Num fragmento, Heráclito (que viveu muito antes de Aristóteles) até mesmo

74 VIVER COM MODERAÇÃO

alegou que *sōphrosýnē* era a virtude mais importante de todas, o que faz sentido à luz da ideia de que "a virtude é o caminho do meio".

Recentemente, no entanto, houve poucos estudos filosóficos ou científicos sobre o valor ético da moderação. Uma exceção é o livro do filósofo Harry Clor *On Moderation* [*Sobre a moderação*], que explicitamente tenta defender essa virtude antiga e fora de moda no mundo moderno.[11] Clor está interessado na moderação inserida numa prática política que busque melhorar a sociedade gradualmente, sem o risco de aventuras ou revoluções utópicas, mas também como virtude ou traço de caráter éticos. Em termos políticos, Clor enfatiza que viver com moderação não é simplesmente se equilibrar entre dois extremos no simples sentido aritmético. Um político moderado (que ele vê como ideal) "constrói consenso e união; busca acordos entre as diferentes linhas partidárias e fala com as pessoas de maneira não agressiva, e não provocativa, com a intenção de unificar".[12]

Clor compara a moderação política à metódica pesquisa científica, um campo da atividade humana no qual é importante assumir uma abordagem não partidária a questões complexas e ter tempo para entender as várias e conflitantes perspectivas. Para fazer um julgamento sensato – seja em política, ética, direito ou ciência –, precisamos suspender a ânsia de impor certa atitude e aprender a ouvir as outras partes (o silêncio de Kierkegaard) a fim de chegarmos a uma conclusão razoável. Todavia, esse raramente é o ideal que vemos praticado nos contextos políticos modernos. Em vez disso, o discurso político é dominado por observações rápidas e espirituosas – às vezes no Twitter –, projetadas para demonstrar dinamismo e força. A maioria das pessoas, quando engajada em discussões políticas, não desenvolve a habilidade de questionar suas próprias visões. Mas, se a política envolve equilibrar muitas considerações e benefícios diferentes, como defende Clor, então realmente essa é uma habilidade que deveríamos desenvolver. A moderação política exige o respeito pelo pluralismo e a capacidade de tomar decisões equilibradas que levem em consideração uma vasta gama de interesses. Clor acha que a educação clássica em ciências humanas pode nos ajudar a entender o mundo de muitas perspectivas diferentes. Essa é uma visão compartilhada por vários filósofos (em particular Martha Nussbaum) que, nos últimos anos, enfatizaram a importância da literatura e de outras formas de arte nesse contexto.

Se deixamos de lado a moderação política e nos voltamos para a moderação como traço de caráter, vemos que ela também é crucial para a ética. Clor chega ao ponto de alegar que moderação e caráter podem ser considerados sinônimos, no sentido de que ter bom caráter implica a habilidade de dizer "não" a nossos próprios impulsos e resistir às tentações. Ele acredita que, no fim das contas, *somos* nosso caráter. Isso corresponde à análise psicológica de Adam Phillips discutida no capítulo anterior – a de que somos definidos tanto pelo que *não* fazemos quanto pelo que fazemos. O caráter envolve, entre outras coisas, a habilidade de resistir, de escolher não participar, de dizer "não". Embora o conceito de caráter seja complexo, ele contém, no mínimo, dois aspectos eticamente relevantes. Um é discutido por Clor e outros (retrocedendo até Aristóteles) e está relacionado à habilidade de controlar impulsos. Sem essa habilidade, não temos integridade nem podemos ser agentes morais confiáveis. Se sempre agimos de acordo com cada impulso súbito, então, em certo sentido, não agimos, já que somos passivamente impulsionados e determinados. Só temos livre-arbítrio na extensão em que somos capazes de nos distanciar de nossos impulsos, analisá--los à luz de nossos valores e outras considerações e, então, tomar uma decisão. O segundo aspecto do caráter não se refere tanto à tomada de decisões em situações individuais, específicas, nas quais devemos ser capazes de dizer "não" e exercer autocontrole, mas mais à forma geral que a vida pode assumir. O filósofo francês Paul Ricœur descreveu isso como uma espécie de autoconstância (em sua importante obra *O si-mesmo como outro*).[13] O conceito de autoconstância tem um papel importante em meu livro *Positividade tóxica*, que critica as muitas práticas culturais que nos impelem na direção do desenvolvimento pessoal, da flexibilidade e da mudança em nome da mudança e que, consequentemente, ameaçam nossa autoconstância – em outras palavras, o aspecto de nós mesmos que permanece igual e transcende tempo e contextos. Se você não se esforça para ter autoconstância, os outros não podem contar com você. Qual será sua motivação para manter suas promessas, por exemplo, se você já não é a mesma pessoa que era quando as fez?

De acordo com Ricœur, para adquirirmos autoconstância, precisamos refletir sobre a vida como um todo, e a melhor maneira de fazer isso é olhar para ela como uma narrativa. Em certo sentido, nossa vida consiste em *histórias* que devemos interpretar e contar para dotar nossa existência de forma. Muitos de nós mantêm diários ou álbuns de fotografias a fim de reunir as peças do quebra-cabeça da vida. Na psicologia contemporânea, chamamos isso de *identidade narrativa*, mas frequentemente essa é somente uma maneira moderna de expressar o antigo conceito de caráter.[14] O argumento de Ricœur, então, é de que as pessoas só são morais, no sentido estrito, quando se relacionam com a vida como um todo ou como uma unidade que retrocede no tempo e é mais bem compreendida como uma narrativa coerente. Mesmo que esse seja um aspecto de caráter diferente (*diacrônico*) do mencionado anteriormente (*sincrônico*), ambos dependem de nossa disposição para a moderação. Isso porque, se insistimos em tentar todas as identidades e narrativas possíveis durante a vida, a autoconstância se torna impossível. Numa cultura fascinada pela juventude, que também dedica infinitos recursos ao perpétuo desenvolvimento pessoal, buscar a juventude eterna e realizar intermináveis experimentos com a identidade pode soar atraente. O psicólogo do desenvolvimento Erik Erikson acreditava que a juventude terminava com uma moratória, depois da qual a identidade pessoal seria determinada por certas obrigações. Hoje, todavia, essa moratória pode durar quase que a vida inteira – de fato, alguns psicólogos nos encorajam a viver num infinito laboratório de identidades. Um deles é o psicólogo pós-moderno Kenneth Gergen, que, num famoso livro sobre realidade e relacionamentos, sugere que exploremos muitas narrativas diferentes sobre nossas vidas, em vez de nos comprometermos com qualquer verdade particular sobre quem somos.[15] Isso é o exato oposto tanto da autoconstância quanto do caráter. Você pode mudar de atitude porque a moda exige, porque a nova atitude é mais oportuna ou simplesmente porque você está entediado, mas essa pode ser a base de uma vida ética? Não se os proponentes da moderação apresentados neste capítulo estiverem corretos.

No livro *On Settling*, citado no capítulo anterior, Robert Goodin se refere a uma cena do filme *Os bons companheiros* na qual a mãe pergunta ao filho "Por que você não encontra uma boa garota?", ao que o filho responde "Eu encontro. Quase toda noite". A mãe insiste: "Uma com a qual você possa sossegar". E o filho responde: "Eu encontro. Quase toda noite".[16] É um diálogo humorístico, mas ilustra a falta de obrigação ética em constantemente querer mais, algo diferente e novo – nesse caso, no contexto do amor e do sexo. Se isso se torna uma atitude consistente em relação à vida, rapidamente chegamos ao desespero estético de Kierkegaard, sendo destinados a permanecer eternamente insatisfeitos porque sentimos que algo melhor nos aguarda na próxima esquina. Isso não apenas nos leva a um estado de desespero (cf. a discussão existencial do capítulo anterior) como também torna difícil vivermos uma vida ética baseada em obrigações, que necessariamente envolve certo nível de lealdade, confiança, sacrifício pessoal e virtudes similares. Todos esses valores estão ligados à moderação e à disposição de dizer não ao que pode parecer superficialmente empolgante.

TUDO COM MODERAÇÃO

Oscar Wilde uma vez proclamou que podia resistir a tudo... menos às tentações! Podemos acrescentar, de modo similar, que devemos fazer tudo com moderação (inclusive a própria moderação!). Digo isso para enfatizar que o propósito da moderação, no sentido ético, não é nenhuma forma de ascetismo ou tormento autoinfligido. O objetivo é vivermos bem e adequadamente como seres humanos, e a moderação é somente um dos muitos componentes de uma vida ética. É um componente central – possivelmente uma virtude cardinal –, mas pode, como tudo mais, ser patologicamente exagerado. A moderação pode se tornar sacrossanta, puritana e insuportável, não somente para os moderados, mas também para aqueles a sua volta. Assim, devemos nos lembrar de sempre sermos moderados em nossa moderação!

Como determinar o tipo certo de moderação numa situação específica? Se consultássemos Aristóteles – meu ponto de partida habitual quando exploro questões que envolvem a ética e o indivíduo –, ele diria que somente uma vida emocional bem desenvolvida pode ajudar com isso; em outras palavras, uma vida na qual as emoções não se oponham à razão, mas forneçam conhecimento confiável sobre o mundo ao redor. O medo, é claro, pode nos informar sobre a presença de algo perigoso e terrível (mas também pode ser patológico, como quando tememos algo inocente e inofensivo). A culpa sentida por uma pessoa pode informar que ela violou um código moral (mas também pode ser infundada e tortuosa). E o orgulho de uma pessoa

– para usar um sentimento mais positivo – pode dizer que ela fez algo significativo e admirável pelo qual tem razão em se orgulhar (novamente, o sentimento pode não ser justificado, como sem dúvida é possível no caso de pessoas que se orgulham de coisas que absolutamente não são motivo de orgulho). A questão é que nossas emoções são cognitivas – ou, ao menos, têm o potencial de ser cognitivas. Mas, como todas as outras fontes de conhecimento, a vivência emocional também pode nos induzir ao erro. Por isso, a socialização emocional que ocorre durante toda a vida, e sobretudo na infância, é incrivelmente importante. Quando aprendemos a arte do autocontrole, não é suficiente sabermos, intelectualmente, que devemos dividir com os outros, deixar que expressem suas opiniões, nos comprometermos com uma forma particular de vida, abrirmos mão das outras etc. Também precisamos ser capazes de *sentir* isso – não necessariamente porque as emoções tenham alguma autoridade em si mesmas, mas porque a ética que não deixa marcas no corpo, que não é sentida, não tem muito potencial de se traduzir em ação. No fim das contas, a ética não é um jogo abstrato, intelectual, mas uma iniciativa prática. Ela está relacionada a agir – e a evitar agir. Ter um caráter moral moderado que permita ações éticas exige uma vida emocional bem desenvolvida, na qual aprendemos a nos regozijar com o bom, temer o horrível e sentir culpa pelo que fizemos de errado. Dessa maneira, os sentimentos morais ajudam a contextualizar e definir as situações nas quais nos encontramos, a fim de que sejamos mais capazes de entendê-las e agir apropriadamente. A sensibilidade excessiva, em contrapartida, embota nossa percepção da realidade moral. Com isso em mente, abordemos agora os aspectos psicológicos de viver com moderação.

4
MARSHMALLOWS E ESTEIRAS

Um dos resultados mais conhecidos de um experimento psicológico ocorreu por acaso. Originalmente, o pesquisador-chefe, Walter Mischel, queria saber como crianças da pré-escola reagiriam a uma situação na qual tivessem que escolher entre uma recompensa imediata (um biscoito, um pretzel ou um marshmallow) e uma recompensa maior (duas guloseimas), desde que esperassem vinte minutos para comer a primeira. As crianças podiam escolher sua recompensa e tinham que ficar sentadas, sozinhas, numa sala da Universidade de Stanford. O experimento foi conduzido na década de 1960. Em livro publicado muitos anos depois, Mischel descreve vividamente como as crianças tiveram dificuldade para não comer a recompensa imediata.[1] Elas demonstraram grande engenhosidade em suas tentativas de desviar a atenção das gostosuras tentadoras. Em certo sentido, o indivíduo tentado que luta contra seus próprios desejos é fundamental para nosso autoentendimento e

84 VIVER COM MODERAÇÃO

retrocede até Adão e Eva no Jardim do Éden. O experimento ilustra a complexidade única da psicologia humana. Podemos querer comer algo delicioso imediatamente, mas, ao mesmo tempo, ter o desejo conflitante de não comer – porque estamos de dieta ou porque preferimos comer mais depois. A última foi a opção apresentada às crianças para testar sua força de vontade.

As criativas estratégias de distração das crianças são fascinantes, mas o experimento se tornou famoso porque os pesquisadores retornaram às mesmas crianças muitos anos depois e perguntaram a seus pais sobre seu comportamento subsequente e sobre traços de sua personalidade. As descobertas foram espantosas e, desde então, o experimento ficou conhecido como *teste do marshmallow* (a despeito de várias outras gostosuras terem sido oferecidas). Mais de 550 crianças fizeram o teste entre 1968 e 1974, e o experimento foi repetido muitas vezes desde então. A descoberta fascinante é a significativa correlação positiva entre a quantidade de tempo que as crianças conseguiam esperar durante o experimento e seus resultados em testes (o teste de qualificação para o ensino superior americano, por exemplo) mais tarde. Não somente isso, mas também se demonstrou que a habilidade de adiar a gratificação está ligada a várias outras características do indivíduo na idade adulta (27-32 anos), como autoestima, administração do estresse e habilidade geral de atingir objetivos importantes. Descobriu-se até mesmo que as crianças classificadas como dotadas de alto poder de adiamento tinham IMCs significativamente mais baixos quando adultas e, portanto, apresentavam menor tendência à obesidade.

Marshmallows e esteiras   85

Parece incrível que a habilidade de crianças pequenas de adiar sua gratificação num simples experimento tenha revelado tanto sobre seu desenvolvimento no longo prazo. Foi essa descoberta surpreendente, é claro, que tornou o teste do marshmallow mundialmente famoso. Desde então, o teste entrou na cultura popular e foi reproduzido muitas vezes em vários programas de televisão. Inevitavelmente, ele formou a base para alguns livros de autoajuda.[2] Comecei este livro descrevendo nossa cultura como o nicho ecológico no qual somos constantemente convidados a agir e consumir. Habitamos um cenário cultural cheio de tentações – não surpreende que tantos de nós queiram aprender sobre auto-controle e sua importância. No entanto, antes que o leitor submeta a si mesmo e a seus filhos a testes do marshmallow, vale lembrar que a pesquisa de Mischel tratava de correlações estatísticas. Em princípio, os resultados nada diziam sobre os indivíduos. Mesmo uma criança que se saiu mal no teste e engoliu a gostosura imediatamente pode ter se transformado num adulto saudável, magro e esperto, perfeitamente capaz de obedecer às normas da nossa sociedade baseada em competição – se é que vale a pena obedecer a tais normas (devo admitir que tenho uma queda pelas crianças que não esperaram). As médias estatísticas nada dizem sobre os indivíduos, e dados estatísticos publicados frequentemente têm o efeito colateral de assustar desnecessariamente as pessoas, dependendo de como os números são apresentados. Por exemplo, é fato que fumantes têm 24 vezes mais probabilidade de desenvolver câncer de pulmão que não fumantes. Isso representa um aumento enorme no risco de uma doença séria, mas también é fato que, entre os fumantes, "somente" 16% dos homens e 9% das mulheres desenvolvem câncer de pulmão.[3] Fumar é a causa de aproximadamente 90% dos casos de câncer de pulmão, mas a vasta maioria dos fumantes felizmente não desenvolve a doença. Não estou tentando minimizar os riscos do fumo, mas, sim, demonstrando que as estatísticas podem ser exibidas de muitas maneiras, dependendo do que queremos mostrar. Se um indivíduo que fuma vai, ou não, ter câncer de pulmão não é algo que possamos extrapolar do conhecimento de que há um aumento relativo do risco para a população como um todo. Isso também se aplica a crianças fazendo o teste do marshmallow. Porém, em nossa cultura de otimização, descobertas estatísticas fundamentais são transformadas, num piscar de olhos, em conceitos educacionais e livros de autoajuda para aumentar o autocontrole do indivíduo – independentemente das circunstâncias.

Uma reprodução recente do teste do marshmallow o coloca em xeque por diferentes razões. A psicóloga Celeste Kidd e seus colegas convidaram um grupo de crianças a fazer o teste mais de trinta anos após o experimento de Mischel. Dessa vez, no entanto, metade das crianças foi exposta primeiro a uma pesquisadora imprevisível, que não cumpria suas promessas, e a outra metade a uma pesquisadora confiável.[4] Os resultados mostraram muito claramente que cerca de dois terços das crianças que foram recebidas por um adulto confiável conseguiram esperar quinze minutos pela recompensa dupla, comparadas a somente uma (entre quatorze) do outro grupo. Os pesquisadores concluíram que não é somente o autocontrole – em termos abstratos – que se mostra essencial para a vida humana, mas também nossa confiança no mundo e nas outras pessoas. Em outras palavras, aparentemente é muito mais uma questão de contexto (o mundo é confiável?) do que de uma única característica (autocontrole) que possamos isolar no indivíduo. O novo estudo de modo algum contradiz a obra original de Mischel, mas acrescenta uma nova camada a sua interpretação, uma que nos convida a pensar no sucesso das pessoas de maneiras que não as puramente individualistas. O estudo sugere que devemos olhar também para as condições e os ambientes que as cercam, não só para suas características psicológicas "internas".[5] Qualquer um que cresça num mundo imprevisível de caos e promessas não cumpridas aprende rapidamente a não confiar em nada e não vê razão para hesitar quando apresentado a uma gostosura – lembre-se do antigo adágio que diz que é melhor um pássaro na mão do que dois voando. Em alguns casos, o que pode inicialmente parecer falta de autocontrole reflete experiência e racionalidade.

O OPORTUNISTA

Iniciei este capítulo sobre a dimensão psicológica falando do teste do marshmallow porque ele nos diz algo sobre a importância de abrir mão de algo aqui e ali a fim de obter mais depois. É preciso autocontrole para abrir mão de algo – e, de acordo com Mischel, o autocontrole pode ser treinado, como um músculo. A habilidade de exercitar autocontrole supostamente é mais importante para o sucesso futuro do indivíduo do que, por exemplo, um QI alto (novamente, em termos estatísticos). Definitivamente, acho que há algo de verdadeiro nisso. Mas, para além de questionar a interpretação individualista do teste do marshmallow – que minimiza a importância de um ambiente que inspire confiança –, também acredito que valha a pena lançarmos um olhar crítico sobre sua premissa básica. Por que deveríamos desenvolver autocontrole e abrir mão de algo aqui e agora? No teste, a motivação é receber uma recompensa *maior* mais tarde. Com base na lógica do experimento, os seres humanos são criaturas motivadas pela recompensa (e pela punição). Mas e quanto a situações nas quais temos que nos controlar e adiar nossa gratificação *sem* expectativa de uma recompensa maior mais tarde? Por exemplo, imagine uma criança (ou um adulto, aliás) num piquenique com uma amiga que perdeu sua cesta. A criança ainda tem quatro marshmallows e gostaria de comer todos, mas está pensando que talvez fosse melhor dar metade deles – ou ao menos um – para a amiga. A maioria dos pais provavelmente espera que, numa situação como essa, seu filho saiba dividir. Sei que sinto orgulho dos meus quando agem espontaneamente dessa maneira – e, quando não agem, eu os incentivo fortemente a agir. Dividam e dividam igualmente! Pode ser que valha a pena dividir – a amiga pode devolver a gentileza em algum momento –, mas pode ser que não. De qualquer modo, a socialização moral padrão nos ensina que a pergunta "será que valerá a pena?" não tem relação com as qualidades morais da ação.[6] Somente oportunistas egoístas se fazem essa pergunta o tempo todo. O oportunista pode muito bem ser o ideal do assim chamado

Estado competidor, mas o oportunismo é basicamente o oposto da verdadeira fortaleza moral. O trabalho do Estado competidor moderno é nos encorajar a nos considerarmos (conjuntamente) responsáveis por nossas próprias competências e nosso desenvolvimento pessoal, tanto no sistema educacional quanto no trabalho. Disso surge o ideal do oportunista, aquele que aproveita oportunidades, assume a responsabilidade pelo próprio aprendizado e promove seus próprios interesses em competição com todos os outros.[7]

O pensamento que corrobora o teste do marshmallow pode muito bem implicar a mesma lógica oportunista e instrumental. Trata-se de aprender a esperar em nome de uma recompensa maior mais tarde. Essa é uma perspectiva puramente quantitativa e, ao adotá-la, corremos o risco de negligenciar a dimensão qualitativa, na qual algumas ações são simplesmente mais corretas que outras. Isso nos leva de volta ao axioma existencial de Kierkegaard, segundo o qual "pureza de coração é desejar uma única coisa" – para ser verdadeiramente única, a coisa que você deseja só pode ser o bem (e não uma recompensa). Em outras palavras, a pureza de coração é o oposto do oportunismo, do *quid pro quo* e da mentalidade "toma lá, dá cá" tão comum na cultura ocidental. Isso não significa que praticar o autocontrole não seja importante como capacidade psicológica. O que quero dizer é que, mesmo que o autocontrole – a força para resistir à tentação – seja crucial para cultivar a arte da moderação, ele será um exercício bastante vazio e egocêntrico se seu único objetivo for uma recompensa maior. Ele só é dotado de sentido quando empregado em contextos nos quais seja

90 Viver com moderação

existencial e eticamente significativo. Sem essas dimensões de valor, o pensamento e a prática psicológicos são rapidamente reduzidos a meios pelos quais o indivíduo pode satisfazer cegamente suas necessidades – ou seja, outra forma de puro oportunismo ou autoajuda instrumental.

Bem-vindo à esteira

Outra área da psicologia relevante para a arte da moderação é a felicidade humana – e os principais conselhos sobre como consegui-la. Nos últimos anos, surgiu uma verdadeira indústria da felicidade, com legiões de terapeutas, *coaches*, conselheiros e autores de autoajuda prometendo o nirvana ali na esquina, desde que mudemos a maneira como pensamos, sentimos ou agimos.[8] A falha inerente a tudo isso, claro, é o processo de individualização já mencionado. A indústria necessariamente envolve minimizar a importância do ambiente e da situação do indivíduo, alegando que "a felicidade é uma escolha!" e nos tornando pessoalmente responsáveis por tomar as decisões certas se quisermos ser felizes. Como pouquíssimos de nós estão em posição de simplesmente "escolher" a felicidade (se é que alguém está), isso gera uma sensação de inadequação e uma necessidade ainda maior dos serviços fornecidos pela indústria da felicidade, que se torna um sistema autossustentável e em constante crescimento. Dessa perspectiva crítica, o problema não é tanto não estarmos sempre felizes (o que provavelmente é uma realidade inevitável da vida), mas *acharmos* que deveríamos estar e buscarmos constantemente novas ideias e novos conceitos para conseguir isso. Podemos conquistar certo nível de felicidade momentânea, mas é incrível quão rapidamente nos acostumamos a ela e novamente ansiamos por mais.

A psicologia descreve esse fenômeno como "adaptação hedônica" – ou, de modo mais vívido, "esteira hedônica". A adaptação hedônica pode ser definida formalmente como adaptação a estímulos afetivamente relevantes.[9] Em outras palavras, nos acostumamos tanto com o bom quanto com o ruim, e ambos aos poucos deixam de ser considerados particularmente bons ou ruins. Retornamos ao ponto de partida em termos da maneira como vemos o mundo. A capacidade de nos acostumarmos a certos estímulos provavelmente é uma característica geral de nossa constituição fisiológica e psicológica. Por exemplo, quando passamos da luz do sol para um quarto escuro, nossos olhos levam algum tempo para se acostumar ao novo nível de iluminação. Após esse tempo, eles se ajustam, mas somente a ponto de vermos tão claramente quanto víamos sob a luz do sol. Em outras palavras, há uma espécie de linha de base à qual nossos sistemas têm a tendência de voltar após a adaptação. A palavra "hedônico" vem da palavra grega para prazer ou gozo. A adaptação hedônica, consequentemente, é a tendência que nosso nível de desejo ou felicidade tem de retornar a uma linha de base após as mudanças. Essas mudanças podem ser positivas (como ganhar na loteria) ou negativas (como ficar de luto). Novamente, falamos de correlações estatísticas, com todo tipo de exceção individual, mas, de modo geral, as pessoas parecem ter uma linha de base da felicidade que só é temporariamente alterada por mudanças positivas e negativas. Alguns estudos famosos demonstram que aqueles que ganham muito dinheiro na loteria conseguem apenas um aumento mínimo nas escalas de felicidade dos psicólogos. Um resultado similar foi observado no Japão, quando a riqueza do povo aumentou cinco vezes durante o período de 1958 a 1987, mas não houve impacto duradouro na percepção subjetiva de felicidade e satisfação.[10] É isso que a teoria da adaptação hedônica busca descrever.

É perfeitamente aceitável questionar o conceito de felicidade incluído na teoria da adaptação hedônica – ele é extremamente primitivo e muitas vezes quantificado pela simples nota dada pelo indivíduo a seu bem-estar subjetivo: "Numa escala de um a dez, quão satisfeito você está com sua vida?". Todavia, estudos como esse provavelmente nos dizem algo e, ao que parece, a teoria da adaptação hedônica é uma coisa boa. Ela significa que, se algo ruim acontecer, é muito provável que você retorne rapidamente a seu nível anterior de bem-estar subjetivo. Infelizmente, também tem um lado mais sinistro. O aspecto "esteira" do conceito sugere que experiências positivas só produzem felicidade temporária e que a única maneira de continuar tendo esses picos é continuar correndo na esteira. Todos conhecemos a sensação. Economizamos para comprar algo novo que realmente queremos, passamos muito tempo esperando e lendo avaliações na internet e ficamos exultantes quando o objeto desejado chega – mas não demora muito para que comecemos a desejar outra coisa, uma coisa diferente e melhor. Para algumas pessoas, mudar-se de uma casa para outra é um projeto de vida inteira e elas jamais se sentem realmente felizes onde estão. Outras descobrem que, de modo mais geral, a alegria da conquista (do emprego ou do parceiro certo) é tão breve que logo recomeçam a busca por algo ou alguém novo e melhor. A esteira da felicidade pode ser infinita, e nos vemos correndo cada vez mais rápido, como um viciado que aumenta constantemente sua dose para obter a mesma sensação.

A ideia de que as necessidades e os desejos humanos são insaciáveis é um dos pensamentos mais antigos da filosofia e da história da ciência. Sócrates descreveu o problema no diálogo *Górgias*, de Platão:

> A porção da alma em que residem os desejos é facilmente sugestionável e conduzida de um lado para o outro; e alguma pessoa engenhosa, provavelmente um siciliano ou italiano, brincando com as palavras, inventou uma fábula na qual chamou a alma de "receptáculo" [...] e o ignorante ele chamou de não iniciado ou vazante, e o lugar da alma do não iniciado em que residem os desejos, justamente por ser a parte incontentável e nada reter, ele comparou a um barril furado, porque nunca pode ser satisfeito.[11]

Sócrates compara o desejo humano a um barril furado: por mais que o enchamos, a água escoa, deixando somente um vazio e a ânsia por mais. Ao menos, esse é o caso do "ignorante", como Sócrates o chamou. Desde que os filósofos se tornaram conscientes da esteira ou do receptáculo vazante, eles tentaram transformar nosso relacionamento com o desejo através do pensamento racional. Isso se aplica a quase todas as escolas antigas de filosofia, mas a mais conhecida é provavelmente a estoica. O estoicismo era uma corrente de filosofia da Grécia e, mais tarde, de Roma. Não apresentarei seu pensamento em muitos detalhes (para saber mais sobre o estoicismo, leia *Positividade tóxica*). Basta dizer que, ao contrário das técnicas modernas para obter felicidade, que geralmente focam a visualização positiva (imagine as coisas fantásticas que você conquistará!) e na expansão constante das possibilidades humanas, o estoicismo está mais preocupado com a visualização negativa (imagine-se perdendo tudo que você tem) e com o reconhecimento das inevitáveis limitações da vida, com a morte como último horizonte (*memento mori*, "lembre-se de que você vai morrer", era um aforismo estoico). Os princípios do estoicismo estão bem resumidos na familiar prece cristã da serenidade: "Senhor, concede-me serenidade para aceitar as coisas que não posso mudar, coragem para mudar as que posso e sabedoria para distinguir umas das outras". A ideia do estoicismo é que realmente *há* coisas que não podemos mudar, e por isso é importante aprendermos a viver com elas, em vez de nos engajarmos numa busca infinita de maneiras de otimizar o eu.

Os estoicos são parte de uma tradição filosófica iniciada por Platão e Aristóteles que valoriza as limitações, e não sua ausência. É uma perspectiva que pode nos ajudar a sair da esteira hedônica ao nos imbuir de uma gratidão elementar pelo que temos, em vez de nos chicotear para que continuemos correndo atrás de uma sucessão infinita de novas conquistas depois de nos acostumarmos às que temos. Essa perspectiva pode não imbuir nossas vidas de felicidade constante e orgiástica (tal coisa provavelmente é ilusória, de qualquer forma), mas pode nos ajudar a conter a ânsia por *mais, melhor, maior, mais caro*. Aqui, vale notar que muitas pessoas no mundo têm um desejo completamente legítimo por "mais". É importante não cairmos na armadilha elitista que descrevi anteriormente. Está tudo bem se alguém no Quênia que há anos anda quinze quilômetros todos os dias para ir trabalhar quiser uma bicicleta para melhorar sua qualidade de vida. Mas talvez seja um pouco excessivo que um dinamarquês materialmente rico como eu sonhe em ter uma terceira bicicleta de corrida após ter me acostumado a minhas bicicletas de inverno e de verão – mas eu com certeza preciso de uma nova bicicleta de corrida, certo? Da perspectiva estoica, não é odioso ter desejos e sonhos, mas temos o dever de considerar o valor ético deles. O ponto não é aprendermos a não ter a fim de provar que temos um nível particularmente alto de autocontrole. Não, o ponto é abrirmos mão daquilo que ameaça constantemente nossa fortaleza moral e nossa integridade psicológica, como a busca incessante por novas experiências, relacionamentos e objetos que fornecem um momento passageiro de felicidade enquanto continuamos a correr na esteira hedônica.

PESSIMISMO DEFENSIVO E PENSAMENTO POSITIVO

O motivo pelo qual os dinamarqueses repetidamente ficam no topo das classificações mundiais de felicidade (mais

96 VIVER COM MODERAÇÃO

uma vez, quantificadas com base numa simples pergunta a respeito da satisfação subjetiva) é um mistério, mas uma razão pode ser o fato de termos expectativas relativamente baixas em relação à vida. Presumivelmente, o alto nível de igualdade, bem-estar social e a confiança interpessoal na Dinamarca têm muito a ver com isso, mas talvez as baixas expectativas de seus habitantes também tenham. Isso pode ser um pouco especulativo, mas a cultura da *Jantelov* (a Lei de Jante, baseada na síndrome de "Quem você pensa que é?", que dita que nunca devemos nos achar importantes demais e que o sucesso é algo vulgar) e as baixas expectativas talvez protejam os dinamarqueses da decepção e do fracasso, pois estamos psicologicamente preparados para resultados negativos. Talvez tenhamos criado uma forma de estoicismo cultural na qual gostamos de imaginar que tudo dará errado, de modo que é mais fácil lidar com situações adversas quando elas surgem. Em terminologia psicológica, essa estratégia é chamada de pessimismo defensivo: imaginar o pior para se preparar para a adversidade e a decepção. Em geral, acredita-se que essa estratégia pode reduzir a ansiedade. Uma pesquisadora por trás dessa teoria até mesmo escreveu um livro de autoajuda chamado *The Positive Power of Negative Thinking* [*O poder positivo do pensamento negativo*].[12]

O título é uma referência ao livro *O poder do pensamento positivo* (1952), do clérigo americano Norman Vincent Peale, um dos livros de autoajuda mais famosos da história, que recentemente ganhou nova relevância. Grande parte da visão de mundo do ex-presidente dos Estados Unidos Donald Trump foi retirada da obra de Peale, que estava ligado à Marble

Collegiate Church de Manhattan, igreja frequentada pela família de Trump quando ele era criança.[13] Mais tarde, Peale celebrou o casamento de Trump com sua primeira esposa, e o ex-presidente frequentemente faz comentários positivos sobre ele ("Um cara incrível", "Eu poderia ouvi-lo falar o dia inteiro"). Peale morreu em 1993, aos 95 anos, mas sua mensagem continua viva. Seu livro, que vendeu milhões de exemplares, equivale ao evangelho da autoajuda e deixou uma impressão duradoura em nosso autoentendimento – mesmo naqueles que jamais o leram. Os capítulos têm títulos como "Tenha confiança em si mesmo", "Como criar sua própria felicidade", "Como ter constante energia" e "O influxo de novos pensamentos poderá fazer de você um novo homem". A ideia básica – que, desde então, foi repetida em incontáveis livros de autoajuda e cursos de desenvolvimento pessoal – é que, ao pensarmos de maneira positiva e otimista, podemos conseguir quase tudo. Os fatos são menos importantes que nossa atitude em relação a eles, e essa atitude deve ser positiva. Um capítulo é intitulado "Não acredito em fracassos". Trump adotou essa frase e, aparentemente, é incapaz de se imaginar perdendo. Por exemplo, durante a campanha presidencial de 2016, ele se recusou a garantir que aceitaria a derrota para Hillary Clinton, o que refletiu uma catastrófica falta de fé no processo eleitoral e nas instituições democráticas – e, diriam alguns, um igualmente desastroso grau de autoconfiança.

Com todos os seus exageros e sua inabalável crença em si mesmo, Trump personifica o pensamento positivo e um desejo aparentemente insaciável por mais poder, dinheiro e exposição. No entanto, sua variante de pensamento positivo

98 Viver com moderação

não é positiva quando se trata de seus oponentes, que Trump sistematicamente menospreza e insulta – é tudo sobre ele. Por exemplo, o ex-presidente alegou falsamente que a multidão presente na sua posse era imensa (1,5 milhão de pessoas, disse ele), e rotineiramente dava as boas-vindas a "milhares de pessoas" em seus comícios quando muito menos gente estava presente e alguns tinham sido pagos para estar lá. O pensamento positivo ensinou a Trump que a mente, por meio da positividade, pode criar sua própria realidade. Se você repetir "fatos alternativos" com frequência suficiente, a realidade se curvará a eles, a seu favor – ou, ao menos, fará com que as pessoas acreditem em você. Esse é o exato oposto da baixa expectativa, da visualização negativa e do pessimismo defensivo. Com base nas análises feitas neste livro, eu diria que Trump é produto de uma cultura que não conhece limites e que tem o potencial para gerar pessoas que ignoram a arte da moderação. Ele é o símbolo da mentalidade que quer tudo... e quer agora!

A TIRANIA DA ESCOLHA NUM MUNDO DE DISTRAÇÕES

O psicólogo americano Barry Schwartz é um dos principais especialistas naquilo que a escolha significa para as pessoas. Sua pesquisa é resumida no livro *O paradoxo da escolha*.[14] O paradoxo está no fato de que, embora ter mais poder de escolha pareça uma coisa boa, as consequências negativas disso logo se tornam aparentes. O livro de Schwartz descreve vividamente o cenário cultural de convites ao consumo que agora habitamos. Ele conta várias histórias pessoais de como nosso desejo banal de comprar cereal para o café da manhã ou uma calça jeans rapidamente se transformou numa corrida de tirar o fôlego por todo tipo possível de escolha. Muitos de nós já tentaram pedir um café e foram confrontados por uma superabundância de opções, todas com nomes italianos pouco familiares. Schwartz não nega que é bom que as pessoas tenham escolha, mas apresenta uma extensa pesquisa para demonstrar que nem sempre é melhor ter mais e mais escolhas. Na verdade, ele acredita que um maior poder de escolha é um fator contribuinte para a epidemia de depressão e outros transtornos a ela relacionados no mundo ocidental. O problema, de acordo com Schwartz, é que a ênfase moderna no individualismo, no controle e na escolha pode nos privar da principal vacina contra a depressão, a saber, nosso senso de pertencimento e envolvimento em grupos e contextos. É muito fácil acabar sofrendo de ansiedade em relação ao status e se matar de trabalhar a fim de ganhar dinheiro suficiente para comprar os bens de consumo "certos" (ou seja, aqueles considerados desejáveis pela cultura contemporânea). É claro que o fenômeno da depressão é um problema complexo, que envolve muitos fatores, mas talvez a "tirania da escolha", como Schwartz a descreve, seja um fator significativo – especialmente quando associada à responsabilidade pessoal, que dita que só devemos culpar a nós mesmos se fizermos escolhas erradas. Nós nos acostumamos a acreditar que a vida é uma questão de realizar nossas preferências individuais ao romper amarras. Para Schwartz, porém, os principais

100   Viver com moderação

fatores que levam à felicidade são os relacionamentos sociais próximos e coletivos que *realmente* nos unem. Felicidade não é ter laços com qualquer um, mas ter os laços certos, como argumentei em *Standpoints*. Schwartz fornece apoio científico a essa visão.

Mas tenho uma objeção ao livro de Schwartz. Ele presume que vivemos num mundo de possibilidades ilimitadas e, então, apresenta a questão de como sobreviver a esse mundo. Claramente, no entanto, é falsa a premissa de que temos possibilidades ilimitadas. Ninguém tem isso, apesar de algumas pessoas evidentemente terem mais opções que outras. Mesmo num país relativamente igualitário como a Dinamarca, a desigualdade social e econômica é reproduzida nas normas sociais e no sistema educacional. Afirmar que todos têm possibilidades ilimitadas é perpetuar um constructo ideológico desprovido de suporte empírico que só serve para culpar as vítimas das políticas que criam desigualdade. Mas, mesmo que todo mundo tivesse acesso a possibilidades ilimitadas, Schwartz estaria correto ao dizer que isso é algo trágico. A própria ideia de infinidade de oportunidades pode ser uma influência destrutiva, e isso parece ser corroborado pela extensa literatura científica documentada em seu livro.

Schwartz também quer ajudar o leitor a se livrar dessa crença, e é aqui que seu livro é particularmente relevante para o tema da moderação. Ele apresenta cinco recomendações:

- *Seria melhor se adotássemos certas restrições voluntárias a nossa liberdade de escolha, em vez de nos rebelarmos contra elas.* Isso requer a aceitação consciente da vida que temos. Minha sugestão, no próximo capítulo, é abordarmos isso como um projeto estético – uma arte da vida.

- *Seria melhor se buscássemos algo "bom o bastante", em vez de buscarmos o melhor.* Se sempre queremos o melhor, quase nunca temos razões para estar satisfeitos. Schwartz recomenda que pratiquemos ser *satisficers*, aqueles que ficam satisfeitos com o que é suficientemente bom, em vez de *maximisers*, que só ficam satisfeitos com o melhor. Ele afirma que os *maximisers* frequentemente são mais suscetíveis à depressão.
- *Seria melhor se baixássemos nossas expectativas a respeito dos resultados de nossas decisões.* Quanto mais temos a sensação de sermos mestres de nosso destino, mais esperamos realizar nossos desejos. Esse é um círculo vicioso. Na maioria dos casos, temos muito menos controle sobre a vida do que gostamos de pensar.
- *Seria melhor se as decisões que tomamos fossem irreversíveis.* Se esse fosse o caso, não nos perguntaríamos constantemente se fizemos a coisa certa.
- *Seria melhor se prestássemos menos atenção ao que os outros estão fazendo.* Isso é extremamente difícil para os seres humanos – somos criaturas notoriamente sociais que se comparam o tempo todo umas com as outras.

O argumento básico de Schwartz é o de que a maximização pode arruinar vidas. Ele recomenda que aprendamos

102 VIVER COM MODERAÇÃO

a nos virar com o que temos e a ficar satisfeitos com menos do que teoricamente poderíamos ter, mas o ideal de liberdade de escolha quase ilimitada sistematicamente contradiz isso.

A liberdade de escolha apresentada por uma tentadora sociedade de consumo é um obstáculo, a insistente distração oferecida pelas novas tecnologias digitais é outro. O psicólogo Adam Alter, professor da Universidade de Nova York, escreveu sobre o assunto num livro que faz pensar.[15] Ele mapeia o cenário de tentações constantes no qual os humanos modernos precisam habitar e com o qual precisam conviver. Muitos de nós têm smartphones e tablets que nos permitem acessar uma quantidade infinita de informação – em qualquer lugar, a qualquer momento. Os serviços de *streaming* permitem que assistamos a quase tudo – em qualquer lugar, a qualquer momento. Temos empréstimos com desconto em folha, cartões de crédito e uma indústria publicitária que nos encoraja a comprar e consumir – em qualquer lugar, a qualquer momento. É muito fácil nos perdermos nos *feeds* das redes sociais, porque eles foram projetados para serem intermináveis. Enquanto lemos, novas publicações são constantemente adicionadas. Isso também ocorre com as maratonas de séries: precisamos fazer um esforço ativo para desligar a televisão antes que o episódio seguinte comece automaticamente. Essas séries também são habilmente projetadas, geralmente terminando em suspense para que queiramos assistir a só mais um episódio. Pessoalmente, obtenho grande prazer e grande frustração com o jogo *Civilization*, cujo slogan é "Só mais um turno". É quase impossível parar depois que se começa a jogar.

É precisamente essa combinação de prazer e frustração que caracteriza a ecologia digital que criamos para nós mesmos. É excitante e prazeroso acompanhar o conteúdo postado por familiares, amigos e conhecidos – como seres supersociais, estamos programados para nos interessar por isso. Nossas séries de TV favoritas fornecem uma medida de satisfação estética através de roteiros cativantes e belas imagens. A maioria de nós já não passa o dia cercado por florestas e campos, mas por anúncios e aplicativos convidativos. De acordo com alguns estudos, passamos mais tempo olhando para uma tela do que dormindo. Alter diz que nosso nicho ecológico digital causa grandes problemas de vício – vício em tecnologia, em aplicativos, em jogos, em séries. Em *Irresistível: por que você é viciado em tecnologia e como lidar com ela*, ele enfatiza o outro lado de uma cultura que constantemente convida o indivíduo a experimentar e consumir clicando, rolando, conferindo e assistindo. O problema não é somente a dependência. Também corremos o risco de perder importantes habilidades que adquirimos ao estar em proximidade física com outros e prestando atenção a eles, em particular as habilidades de imersão social e empatia. Uma consequência dessa tendência é que a desintoxicação voluntária da cultura digital se tornou um luxo desejável. Pessoas que podem bancar pagam muito dinheiro para ir a retiros nos quais a tecnologia digital é banida (como mosteiros ou trilhas) ou para enviar os filhos a colégios de elite nos quais os professores trabalham com quadros-negros e giz, não com heréticos iPads. Vale notar que o fundador da Apple, Steve Jobs, supostamente se recusava a deixar que os filhos usassem o iPad que ele alegremente vendia para o restante de nós.

Então, qual é a solução? Construir cenários culturais, escolas e locais de trabalho com menos convites constantes? É claro que podemos fazer nossa parte (deixando de carregar os smartphones ao lado da cama e de usar dispositivos no fim da noite, desligando as notificações etc., porque está bem documentado que todas essas coisas prejudicam o sono). As famílias devem refletir sobre as tentações de todas essas telas e, se necessário, introduzir regras para o uso dos dispositivos. Mas também temos que fazer algo no âmbito organizacional, tanto no local de trabalho (por exemplo, introduzindo uma política de e-mails que limite o número de mensagens por dia e quando elas podem ser enviadas) quanto nas instituições educacionais, onde devemos urgentemente nos livrar da fascinação com a digitalização que dita que todo aprendizado deve ser feito através de tablets e laptops. Pesquisas bastante extensas sugerem que a aquisição de conhecimento através de livros físicos tem claras vantagens sobre o uso das telas, que tornam a leitura e a concentração muito mais difíceis.[16] É claro que podemos apenas praticar autocontrole e não comer o marshmallow, mas, enquanto vivermos num cenário de tentações, nosso esforço estará fadado ao fracasso. Precisamos cultivar um cenário diferente. E esse é o assunto do próximo – e último – capítulo deste livro.

5
A ALEGRIA DE FICAR DE FORA

Os capítulos anteriores delinearam quatro tipos de argumento – das perspectivas política, existencial, ética e psicológica – que exemplificam e justificam a arte da moderação. Espero que alguns deles tenham sido convincentes. Se você os acha válidos, aprender a viver com moderação deveria agora ser politicamente justificado, existencialmente importante, eticamente bom e psicologicamente sensato. Todavia, nem todos os argumentos foram necessariamente práticos ou atraentes. Em vez disso, a ênfase esteve na virtude e na necessidade de frugalidade, privação e moderação (para usar termos negativos) e foco, caráter e persistência (em termos mais positivos). Alguns podem pensar que esse é um modo de vida triste e cinzento. E quanto ao prazer e à diversão? E quanto à dimensão estética da vida? Esse é o tema deste capítulo final, no qual argumento que ficar de fora pode ser fonte de profundo prazer. O título do capítulo, "A alegria de ficar de fora" (da frase em inglês *Joy of Missing Out*, JOMO) é um contraste deliberado com a desesperada mentalidade FOMO de nossos dias. Não deveríamos ter medo de ficar de fora – deveríamos sentir prazer com a simplicidade e o foco de uma boa vida humana. O que quer que façamos, sempre ficaremos de fora de algo, então a tentativa de fazer tudo é tolice. Reconhecer isso é praticar JOMO em vez de FOMO.

A BELEZA DA SIMPLICIDADE

Falando de modo geral, a maioria das pessoas entende a beleza de abandonar o intrincado e complexo e focar o simples. Afinal, raramente o fenômeno mais complicado é o mais belo. Um haicai de dezessete sílabas que segue um modelo estrito pode ser tão comovente quanto um poema longo de sintaxe desafiadora. Uma melodia simples interpretada por uma bela voz com acompanhamento simples pode ser tão emocionante quanto uma composição complexa. Na ciência, está bem estabelecido que o apelo estético das teorias e evidências mais simples e harmoniosas desempenha importante papel. Um exemplo famoso é a hélice de DNA, que Francis Crick, que ajudou a descobri-la, chamou de "molécula com estilo". Muitas evidências sugerem que uma representação graficamente bela da estrutura relativamente simples do DNA aumentou a disseminação e a atratividade da teoria.

Arte e ciência não se aprimoram por serem desnecessariamente complicadas, embora um grau relativamente alto de complexidade às vezes possa ser necessário para dizer algo preciso sobre o tópico em questão. Mas é o material ou o objeto em si que determina o nível de complexidade e o escopo da precisão. Na matemática, é plausível que haja certo nível de perfeição e precisão que não é possível obter na ética ou na psicologia, que lidam com fenômenos muito mais desestruturados e complexos. Aristóteles argumentou que é marca de um intelecto maduro não exigir maior precisão do que o tema é capaz de fornecer. Expressar um conceito da maneira mais simples e precisa possível é o ideal, mas aprender a alcançar o nível certo não é fácil e requer muita experiência. Nas áreas da ciência com as quais trabalho, é óbvio que a capacidade de se comunicar de modo simples e preciso aumenta com a experiência e o conhecimento. Estudantes escrevendo seus primeiros textos na universidade têm a tendência de usar um estilo difícil e "acadêmico", ao passo que, em muitos casos (mas não todos!), professores mais velhos e experientes encontraram uma forma muito mais leve e elegante de se expressar. Tratar um assunto difícil de modo simples e compreensível é uma arte.

Tanto na arte quanto na ciência, uma estética de simplicidade facilita a comunicação precisa de mensagens. Ambas também são bastante sistemáticas. Embora muitas pessoas acreditem que, por definição, a arte é selvagem e intuitiva enquanto a ciência é metodologicamente rigorosa, inúmeras evidências – incluindo artistas falando de suas práticas – sugerem que a arte é frequentemente criada de modo metódico e sistemático e que estruturas e formas permitem o fluir da criatividade.[1] Em vez de ser libertadora, a liberdade sem limites é quase paralisante, porque, sem estruturas, terminamos num vácuo no qual nossas ações não geram resposta. Como disse muitas vezes o poeta e cinegrafista dinamarquês Jørgen Leth, inclusive numa conversa comigo em 2016,[2] "as regras do jogo" são um pré-requisito para a liberdade artística. Elas fornecem uma forma ou estrutura sólida que permite que o artista use "os presentes do acaso" (na expressão de Leth) e na qual parte do mundo pode ser exibida de maneira não caótica. A fim de criar beleza, o artista precisa se restringir. Leth expressa essa filosofia em crenças como "A vida é interessante. Queremos estudá-la" e "Não sei de nada. Mas quero saber!".[3] Da perspectiva dele, o artista estuda o mundo. A arte não é somente uma efusão subjetiva de emoção, mas uma tentativa de explorar e entender o fenômeno da vida. Em certo sentido, embora suas práticas possam ser diferentes, tanto o artista quanto o cientista tentam alcançar a mesma coisa. O próprio Leth adere ao método de estudo criado por Bronisław Malinowski, um dos primeiros antropólogos a viver entre os povos que queria entender. Com base nessa abordagem, Leth formulou quatro passos para sua prática artística: encontrar uma área, delineá-la, inspecioná-la e escrever sobre ela!

Se essa abordagem é válida, então os processos de selecionar e delimitar são pré-requisitos para a prática artística focada. Devemos escolher não participar – ficar de fora da maioria das coisas – a fim de sermos capazes de fazer *algo*. E o que se aplica à arte é transferível para a vida em geral. Assim como a vida pode ser considerada um projeto de pesquisa científica no qual estudamos o mundo e aprendemos, também pode ser considerada um projeto artístico. O filósofo e historiador francês Michel Foucault chamou isso de "estética da existência",[4] com a qual quis retomar o antigo conceito filosófico da arte de viver, que representa a trindade do verdadeiro, belo e bom. Foucault nos convida a considerar a vida uma obra de arte. De um lado, isso pode ser visto como estetização arriscada e irresponsável, se feito sem levar em conta nossas obrigações para com os outros. Mas, em contrapartida, pode ser encarado como reflexo da "vontade de formar" de K. E. Løgstrup, que está intimamente ligada à possibilidade de uma vida ética. Dessa perspectiva, a estética, corretamente entendida (a saber, como *arte* de viver, na qual a vida se torna uma obra de arte), é um pré-requisito da ética, não um obstáculo a ela. Sem restrições, não há responsabilidade. Sem regras, não há jogo – porque, num mundo sem limites, os fortes sempre imporão sua vontade.

A DISCIPLINA DA VONTADE

Como, então, damos forma à vida? Em certo sentido, essa pergunta está por trás de todas as reflexões políticas, existenciais, éticas e psicológicas deste livro. Já encontramos muitos tipos de resposta, mas é razoável separá-las em duas categorias gerais. A primeira é sobre a disciplina da vontade; a segunda trata dos relacionamentos e contextos nos quais as pessoas vivem. Podemos dizer que a primeira busca modelar a vida "diretamente" através de atos da nossa vontade; a segunda, mais indiretamente, através do ambiente. Comecemos pelas influências diretas. No capítulo anterior, conhecemos o psicólogo Barry Schwartz, que descreveu e problematizou a "tirania da escolha" na sociedade moderna.

110 Viver com moderação

Ele diz que enaltecemos nossa liberdade quase ilimitada de escolha como se ela fosse uma coisa boa, independentemente das opções *entre as quais* escolhemos. Isso é absurdo, porque qualquer pessoa racional preferiria escolher entre duas coisas boas a escolher entre mil coisas ruins. Mas, nessas circunstâncias, como decidir o que não escolher? Como disciplinar a vontade para dominar a arte do autocontrole? No melhor espírito da autoajuda, Schwartz oferece muitos conselhos para responder a essas perguntas. Apresentarei alguns deles, que me permiti parafrasear e expandir um pouco:[5]

- *Decida quando escolher*: não transforme tudo na vida numa situação na qual você precisa fazer uma escolha. Isso seria mentalmente exaustivo. Na maioria das situações, você deve confiar no hábito e na rotina. Não há nada de errado em agir de maneira rotineira. Uma vida sem hábitos e rotinas seria insuportável.
- *Convença-se de que a ideia de que "somente o melhor é bom o bastante" é besteira*: quando algo é bom o bastante, é bom o bastante. Se estiver sempre correndo atrás do melhor, você deixará a felicidade escapar. Na verdade, a própria ideia de "o melhor" frequentemente leva ao desespero, porque o que quer que seja considerado melhor num ano pode ser totalmente antiquado no ano seguinte. Se somente o melhor é bom o bastante, então nada é particularmente bom.
- *Torne suas decisões irreversíveis*: "Agonizar pensando se seu companheiro é o 'grande amor da sua vida' ou se seu relacionamento sexual está abaixo ou acima

da média e se perguntar se poderia ter se saído melhor é uma receita para o sofrimento", escreve Schwartz.[6] Muitas decisões não deveriam ser revertidas – mesmo que tenhamos a oportunidade –, especialmente quando envolvem obrigações em nossos relacionamentos com outras pessoas.

- *Pratique a gratidão*: é mais fácil falar que fazer, mas é importante mesmo assim. Talvez os pensamentos de Kierkegaard sobre o lírio e o pássaro possam servir de fonte de inspiração. Ou Otto Gelsted, com seu poema sobre as árvores. Há muitos exemplos de elogios estéticos à arte do autocontrole.

- *Espere ser fisgado*: mesmo a mais superficial familiaridade com o conceito da esteira hedônica discutido no capítulo anterior deveria nos tornar mais realistas sobre os benefícios de conseguir o que queremos. O conceito da esteira reflete a ideia de que retornaremos a dado "nível de felicidade" logo após um evento altamente desejável. Reconhecer isso permite que nos protejamos da decepção ao descobrir que comprar determinado carro ou determinada casa de praia ou se apaixonar por um novo parceiro não gerou a profunda e duradoura sensação de felicidade que esperávamos.

- *Resista ao desejo de se comparar*: os seres humanos podem achar difícil não se comparar aos outros, mas estar consciente dessa tendência pode ao menos mantê-la sob controle. Sim, a grama do vizinho é sempre mais verde – mas talvez você deva cortar a própria grama e brincar nela com seus filhos, em vez de passar seu tempo olhando sobre a cerca, para a grama da casa ao lado. Desafie o tipo de esnobismo que proclama que somente certas coisas ou ideias são boas o bastante ou dignas de serem apreciadas. Posso revelar, com exclusividade, que gosto muito do sorvete de torrone mais barato do supermercado e que uma das melhores "refeições" que já tive foi a focaccia de um 7-Eleven, devorada num ponto de ônibus enquanto eu voltava para casa depois de uma festa. Tinha a combinação perfeita de gordura, sal e umami de que meu corpo precisava naquele momento. Menos realmente pode ser mais!

- *Aprenda a viver com limitações*: esse, claro, é o ponto focal deste livro. Também é o ponto final do livro de Schwartz e reflete sua grande fé na habilidade dos seres humanos de se disciplinarem. Todavia, a ideia de que devemos usar nossa força de vontade para desejar menos é quase um paradoxo. Virar-se com menos exige grande determinação, o que indica o calcanhar de aquiles do método "direto": será que realmente é possível "trabalhar em si mesmo" e na própria vida a tal ponto que se tenha autocontrole suficiente para "ficar de fora" de um mundo tentador, convidativo, ilimitado? Algumas poucas pessoas podem ser capazes disso. Talvez até mesmo se beneficiem de livros de autoajuda sobre o tema. Mas, para a maioria de nós, o método "indireto" é mais benéfico. Em outras palavras, uma abordagem focada não na vontade como fenômeno psicológico interno, mas no cenário cultural de instituições, sistemas, organizações, tecnologias, lares e famílias que nos cerca. Com isso em mente, precisamos discutir as formas assumidas por essas estruturas em nossas vidas.

A CRIAÇÃO DE UM CENÁRIO CULTURAL ESTÉTICO ATRAVÉS DE RITUAIS

Como podemos criar um cenário para a vida humana que torne mais fácil focar o que importa e abrir mão do que é desimportante? Novamente, a estética pode ajudar, e a estética da vida social frequentemente é refletida em rituais. A antropóloga britânica Mary Douglas os descreve como regras para as relações sociais, que permitem que as pessoas se apoderem de sua comunidade.[7] Essas regras têm uma significativa dimensão estética, já que os rituais (por exemplo, as cerimônias de casamento nas igrejas) frequentemente são comoventes e nos relembram do tipo de sociedade em que vivemos. De acordo com Douglas, os rituais sustentam a sociedade. Sem eles, uma sociedade não é realmente adequada – ou melhor, é uma sociedade cujos membros acham difícil de entender. Os rituais dotam a vida social de forma. Dessa perspectiva, a desritualização da sociedade moderna nas últimas décadas, como descrita por numerosos sociólogos, é algo a se lamentar. Alguns especulam que essa desritualização libera o indivíduo para a autoexpressão

114 Viver com moderação

criativa, mas é difícil imaginar uma liberdade sem maneiras de ser livre. Sem rituais, corremos o risco da tirania do sem-forma sobre a qual Løgstrup nos alertou.

O sociólogo britânico Anthony Giddens descreve a sociedade moderna como sendo arranjada de acordo com "limiares abertos de experiência" em vez de transições ritualizadas.[8] Nesse cenário, a influência dos rituais como pontos externos de referência é reduzida – e, supostamente, tomamos a maioria das decisões por nós mesmos. Isso se aplica a muitas das grandes transições da vida: nascimento, adolescência, casamento e morte. Ainda há, é claro, alguns rituais para marcar essas transições, mas muitos deles parecem ter perdido sua aura de naturalidade. Eles são cada vez mais caracterizados por um elemento de "design", no qual o indivíduo em questão escolhe se haverá ou não um ritual – e, se sim, que forma ele terá. Isso talvez seja visto mais claramente nos rituais de passagem da infância para a adolescência e vida adulta (crisma, bar mitzvah e assim por diante), mas também no casamento e no parto (veja, por exemplo, o conceito de "parto programado"). O indivíduo se tornou um consumidor que deve montar sua vida a partir dos cardápios disponíveis. Como resultado, muito pouco é dado como certo (ou tratado ritualisticamente). A maioria dos aspectos da vida pode ser reconsiderada, escolhida ou não escolhida. Como extensão disso, Giddens se pergunta se a relativa ausência de rituais nos contextos sociais contemporâneos não remove uma importante fundação psicológica que dá ao indivíduo a habilidade de lidar com essas transições. Ele escreve que os tradicionais ritos de passagem colocavam "os envolvidos em contato com forças cósmicas mais amplas, ligando a vida individual a questões existenciais mais abrangentes".[9]

A desritualização do social representa um enfraquecimento do elo entre os indivíduos e a estrutura moral mais ampla da vida – frequentemente em nome da individualização e da autenticidade. No entanto, essa é uma estratégia arriscada, porque em todas as sociedades as pessoas precisam de rituais a fim de que possam passar tempo juntas de forma civilizada. Os rituais nos permitem interagir uns com os outros de maneira frutífera. Não é inautêntico ou desonesto agir no espaço público de acordo com certos modelos ritualizados. O filósofo Anthony Holiday desenvolve a ideia de Douglas ao argumentar que o respeito aos rituais é um valor moral universal.[10] É claro que isso não sugere que todo ritual tenha valor moral. Mas significa que, numa sociedade sem certo nível de ritualização, a moralidade não é possível. De acordo com Holiday, só podemos manter certa integridade moral se aceitamos e respeitamos determinados rituais – incluindo o direito à liberdade de expressão e outros direitos civis. Holiday, que morreu em 2006, sabia do que estava falando. Como sul-africano, ele devotou grande parte da vida à luta contra o exercício arbitrário do poder pelo regime do apartheid e passou seis anos na prisão antes de se exilar na Inglaterra. Ele se inspirava na filosofia da linguagem do filósofo austríaco Ludwig Wittgenstein, de acordo com a qual a linguagem devia ser entendida como o que ele chamou de "forma de vida". Holiday acreditava que uma forma de vida linguística e culta só é possível se presumirmos que alguns valores morais universais se aplicam a ela, entre os quais

116 VIVER COM MODERAÇÃO

verdade, justiça e respeito pelos rituais. Com base na análise de Holiday, não seria possível ter moral sem rituais, porque os rituais são o pré-requisito de uma comunidade linguística. Novamente, vemos que a forma estética de vida – inclusive no âmbito coletivo – está intimamente ligada à possibilidade de estabelecer formas éticas de vida.

Assim, precisamos criar uma ecologia cultural com rituais esteticamente atraentes que permitam uma forma de vida baseada na ética. Eles são encontrados, em vários graus, em todas as culturas – por exemplo, na cerimônia japonesa do chá, no cantar "Parabéns pra você" e no assoprar das velas do bolo de aniversário – e são usados para focar a atenção coletiva em questões importantes em certas situações. Todo indivíduo pode tentar criar seu pequeno cenário de rituais cotidianos que dotem a vida de forma, mas isso também precisa ser feito no âmbito coletivo, onde as pessoas atuam juntas (especialmente nos locais de trabalho e instituições educacionais). Pensar em termos de cenários e ambientes estéticos (em vez de puramente em termos de força de vontade) também pode servir como contrapeso ao risco de dependência das várias tecnologias, como discutido no capítulo anterior. Às vezes, a psicologia não precisa ser particularmente difícil, por exemplo, quando se trata de hábitos e força de vontade. Como indica Adam Alter no livro *Irresistível*, não surpreende que cedamos à tentação se nos cercamos dela – inversamente, é muito mais fácil encontrar força de vontade se removemos as tentações de nosso ambiente. A ideia é criar um cenário – e isso também é uma precondição para fincar raízes, para retornar à metáfora de *Positividade tóxica*. Sem cenários nos quais fincar raízes, o desenraizamento é difícil de evitar. Simone Weil – a filósofa, anarquista e mística francesa cujas obras incluem *O enraizamento*, que morreu jovem, de tuberculose e fome, durante a Segunda Guerra Mundial – achava que fincar raízes era a necessidade humana mais importante, mas menos reconhecida.[11] Muitos de nossos problemas derivam não somente da falta de raízes, mas da falta de entendimento sobre a importância delas. É parcialmente por meio dos rituais que descobrimos o valor de nos enraizarmos. Mas como fazer isso? Concluirei delineando propostas mais ou menos práticas para complementar os conselhos mais individuais e baseados na força de vontade apresentados até agora:

• Como sociedade, devemos reconhecer que o conhecimento do passado e das tradições culturais não impede a liberdade de autoexpressão do indivíduo. Nossas escolas e nosso sistema educacional não devem ter medo de reconstruir e reproduzir as experiências do passado. Entender as raízes da sociedade não é reacionário, mas um pré-requisito para reconhecer que a vida é vivida em comunidade. Atualmente, muitas pessoas buscam esperança na inovação e na ruptura, mas, se tais práticas ocorrem por si mesmas, a vida não tem forma ou limite. Para sermos capazes de pensar de modo inovador, mas prático, primeiro precisamos saber como nossa época e nosso lugar se encaixam na perspectiva histórica. Podemos expressar isso dizendo que o ideal contemporâneo de pessoa flexível, inovadora,

118   Viver com moderação

proativa e autogerenciável, sempre disposta a mudar, gera a inerente relutância em "ficar de fora".[12] Recentemente, li um artigo de um futurólogo de uma *think tank* europeia no qual o autor delineava os tipos de pessoa que estarão em demanda na sociedade do futuro, para a qual precisamos "nos educar durante toda a vida".[13] Ele previu que precisaremos de programadores, criadores, gestores, cuidadores, empreendedores e artistas. Com exceção dos cuidadores, todos esses são papéis criativos, inovadores e disruptivos, baseados no rompimento de limites, na iniciativa, na renovação e no autodesenvolvimento. Menos atenção é dada à necessidade de manutenção e repetição sociais. O ideal é o artista identitário, que se reinventa constantemente, que é um empreendedor da própria vida, sempre fundando a próxima startup existencial. Assim que um projeto está pronto para decolar, é deixado para trás, e um projeto novo e diferente é iniciado.

Algumas pessoas podem estar próximas desse ideal, mas, para muitos de nós, é algo problemático. Mesmo assim, somos forçados a tentar viver de acordo com ele em reuniões de avaliação de desempenho, cursos de desenvolvimento pessoal e outras práticas de aprimoramento. Frequentemente falhamos e acabamos estressados, mentalmente exaustos – ou, frustrados com nossa impotência, começamos a regurgitar os jargões e clichês vazios usados por gestores, *coaches* e consultores quando falam sobre a demanda por "inovação" e "ruptura".

Retomando nossa metáfora anterior, retirada do mundo da arte, podemos dizer que o artista é e deve permanecer uma exceção. Se todos formos artistas disruptivos o tempo inteiro, nada na sociedade será coerente. Ninguém será obrigado a nada além de seguir quaisquer caprichos efêmeros pelos quais tenha sido atraído. Felizmente, muitas pessoas são, em vez disso, curadoras, criando exposições permanentes com base em temas unificadores e ajudando a conter os artistas desregrados. A despeito dos disseminados ataques acadêmicos, esta pode ser sua função legítima: produzir sistemas justos e equitativos, com certo grau de estabilidade, que tornem uma sociedade transparente para seus membros. Ainda melhor, alguns agem como guardiões, mantendo e protegendo o que já existe. Os guardiões ajudam a proteger o que é importante da ameaça representada pela ênfase na ruptura imediata. Devemos ser gratos a eles. Os curadores e os guardiões da vida – os mantenedores, como alguns começaram a chamá-los – deveriam estar em demanda nos anúncios de emprego e ser bem remunerados por seus esforços. Eles não deveriam sentir vergonha por não serem artistas ou empreendedores – muito pelo contrário, porque, na verdade, a inovação artística só é possível quando há outros agindo como curadores e guardiões, criando estruturas e as mantendo, em vez de sempre forçar limites e destruir. Ser um guardião é uma arte da vida, e haverá grande necessidade deles no futuro.

• Ampliando a ideia de ressuscitar o guardião como figura existencial legítima, a sociedade como um todo deveria focar a educação ética. Acostumar-se a não ter pressupõe uma maturidade ética que deveria ser incentivada nas famílias e nas escolas. Nos contextos educacionais, há muito cobiçamos

120 Viver com moderação

o desenvolvimento de habilidades e a auto-otimização, com foco em tudo que é estudado pelo Programa Internacional de Avaliação de Estudantes (Pisa) e quantificado pelos testes nacionais. Todavia, a função mais importante do sistema escolar deveria ser formar cidadãos responsáveis e capazes de preservar e renovar a democracia. Há tempo demais, as escolas operam de maneira que atende à demanda do Estado competidor por "oportunistas" que tirem notas altas em vários testes – precisamos devolver a ênfase à ética e à democracia. Precisamos ensinar os cidadãos do futuro a fazer algo porque é o certo, e não porque têm algo a ganhar com isso. Precisamos recompensá-los por dividir seus marshmallows, em vez de por acumulá-los. Precisamos entender que esse tipo de criação é o oposto do oportunismo – é baseado nas virtudes da moderação e do autocontrole, essenciais para nossa habilidade de lidar com as crises descritas no início deste livro.

Note que esse tipo de aprendizado ético não é, de modo algum, um desafio ao aprendizado acadêmico. Ao contrário, é baseado no entendimento de que o mundo é muito maior que o indivíduo – uma ideia que pode ser comunicada por várias disciplinas, da história à matemática.

• De modo mais amplo, devemos reconhecer o papel do acaso na vida humana. A ideia de que todo mundo é mestre de seu destino e "pode fazer tudo o que quiser" se estiver suficientemente motivado é problemática, porque se baseia numa filosofia de desenvolvimento e otimização infinitos e leva a um diagnóstico individualista que diz que só podemos culpar a nós mesmos se as coisas derem errado. Nos últimos anos, muitos sistemas sociais passaram a responsabilizar o indivíduo por várias coisas sobre as quais ele não necessariamente exerce controle, como desemprego, pobreza, doenças e problemas sociais – independentemente de tais problemas terem sido causados por mudanças nos sistemas políticos ou nas tendências econômicas. Ao projetarmos sistemas baseados na ideia de que nenhum indivíduo é mestre de seu destino, podemos encorajar mais solidariedade. Isso pode até mesmo aumentar a disposição dos mais abastados de aceitarem menos, porque, um dia, podem ser vítimas do acaso ou da doença e se encontrar vulneráveis e precisando de ajuda. Devemos aprender a "ficar de fora" não como exercício vazio de ascetismo, mas para garantir que haverá o bastante para todos. Eu vivo na Dinamarca, que é uma sociedade tanto altamente igualitária quanto (de acordo com as classificações internacionais) muito feliz. Devemos reconhecer que a diferença relativamente pequena entre a base e o topo, entre o rico e o pobre, é uma razão significativa para o país ser considerado um dos mais harmoniosos e bem-sucedidos do mundo.[14] A igualdade não é um fim em si mesma, mas provou ser um bem precioso num mundo no qual a desigualdade global está cada vez mais descontrolada.

• Em termos relativamente abstratos, seria uma boa ideia refletirmos sobre uma visão mais cíclica do tempo. O pensamento irrestrito de *mais, mais, mais*, que dita que nunca devemos abrir mão de nada, está associado a uma visão linear. Somos encorajados a continuar crescendo, como parte de um processo de aprendizado que dura a vida inteira. A consequência é o requerimento de otimização eterna – em outras palavras, precisamos fazer no ano que vem mais do que fizemos neste. Muitos de nós estão presos tanto na rodinha de hamster quanto na esteira hedônica, e os resultados estão claros nas estatísticas de estresse, depressão e ansiedade. No passado, entendíamos melhor que a vida está entremeada a contextos mais amplos que envolvem altos e baixos. Sabíamos que "tudo tem o seu tempo", como está dito em Eclesiastes. Provavelmente devemos voltar a reconhecer que a vida não é determinada somente pela motivação interna do indivíduo, mas também por elementos externos, como mudanças sazonais e cíclicas. O guardião experiente sabe que aquilo que é elegante num ano pode ser cafona no próximo e que algo antigo rapidamente voltará a estar na moda. Não devemos temer a repetição – como Kierkegaard afirmou, é ela que dá forma a nossas vidas individuais e coletivas. Sem a repetição cíclica, a vida se dissolve "num ruído vazio desprovido de conteúdo", como ele descreveu em *A repetição*.[15] Sem repetição, não há obrigação. Repetição é acordar todas as manhãs e preparar a lancheira dos filhos. Repetição é visitar velhos amigos, mesmo quando estão deprimidos e não é tão divertido. Na realidade, isso envolve uma forma de coragem – a coragem de fazer o mesmo, como sempre, porque é a coisa certa a se fazer. Como este livro afirma, também exige que digamos não – inclusive a relacionamentos novos e potencialmente excitantes. Se queremos ser amigos de todos, não podemos verdadeiramente ter um amigo. Se queremos fazer algo bem-feito, não podemos fazer tudo.

Neste livro, defendi a arte do autocontrole como virtude e tentei demonstrar como uma cultura que não conhece limites não é solo fértil para ele. Tentei distinguir entre maneiras de demonstrar autocontrole e ser moderado com base na vontade do indivíduo (o método direto), assim como maneiras de, mais indiretamente, criar os cenários que dão forma à vida das pessoas. O filósofo Matthew Crawford fala da necessidade de trabalharmos juntos para criar "ecologias da atenção" se quisermos escapar das constantes distrações e insaciáveis necessidades criadas pela cultura irrestrita do autodesenvolvimento.[16] Isso pode ser feito no âmbito individual (em termos de como organizamos nossa vida), no âmbito organizacional (em nossos locais de trabalho) e no âmbito social (em relação a nossas escolas, nossos sistemas sociais, hospitais e aposentadorias). De modo geral, a metáfora do cenário é bastante adequada. Não é simplesmente uma questão de ter determinação para descer da esteira, mas também de criar uma cultura na qual a esteira nem sequer exista. Minha teoria de que isso pode ser feito com mais qualidade através de rituais e da estética é embrionária, para dizer o mínimo, e exigirá muita discussão posterior. Mesmo assim, acho que uma modelagem coletiva de nossas vidas pode refrear a cultura do desenvolvimento sem limites que continuou a acelerar no último meio século, resultando na rápida disseminação de sintomas como estresse e autorrealização irrestrita.

Espero que as ideias contidas neste livro inspirem outros a se engajarem em debates construtivos a respeito da arte da moderação. Espero que este livro seja um contrapeso a todas as formas de extremismo. Aqueles com uma queda pelos paradoxos podem até mesmo dizer que ele é *extremamente moderado*.

NOTAS

INTRODUÇÃO: TER TUDO

1   Ver WOLCOTT, Harry. *Writing Up Qualitative Research.* 3 ed. Nova York: Sage, 2009.

1. A SOCIEDADE SUSTENTÁVEL

1   Como analisado em meu livro BRINKMANN, Svend. *Positividade tóxica:* como resistir à sociedade do otimismo compulsivo. Rio de Janeiro: BestSeller, 2022.

2   PEDERSEN, Ove Kaj. *Konkurrencestaten.* Copenhague: Hans Reitzel, 2011.

3   NIELSEN, Jørgen Steen. Velkommen til antropocæn. *Information,* 27 jun. 2011. Disponível em: https://www.information. dk/udland/2011/06/velkommen-antropocaen. Acesso em: 26 maio 2023.

4   KOLBERT, Elizabeth. *A sexta extinção*. Rio de Janeiro: Intrínseca, 2015. Arne Johan Vetlesen e Rasmus Willig resumem muitos dos problemas mais alarmantes em seu livro *Hvad skal vi svare?*. Agradeço aos autores por permitirem que eu o lesse antes da publicação.

5   Ver, por exemplo, https://www.theguardian.com/environment/2018/apr/26/were-doomed-mayer-hillman-on-the-climate-reality-no-one-else-will-dare-mention. Acesso em: 26 maio 2023.

6   HICKEL, Jason. *The Divide:* A Brief Guide to Global Inequality and its Solutions. [S.l.]: William Heinesen, 2017.

7   WILKINSON, Richard; PICKETT, Kate. *O nível*: por que uma sociedade mais igualitária é melhor para todos. Rio de Janeiro: Civilização Brasileira, 2015.

8   Ver http://www.oecd.org/social/inequality.htm. Acesso em: 30 maio 2023.

9   MASON, Paul. *Pós-capitalismo*: um guia para o nosso futuro. São Paulo: Companhia das Letras, 2017.

10   Ibid.

11   ROSA, Hartmut. *Aceleração*: a transformação das estruturas temporais na modernidade. São Paulo: Unesp Editora, 2019.

12   BAUMAN, Zygmunt. *Modernidade líquida*. Rio de Janeiro: Zahar, 2021.

13   Falei disso em *Positividade tóxica*.

14   Ver PETERSEN, Anders. *Præstationssamfundet* [*A sociedade do desempenho*]. Copenhague: Hans Reitzel, 2016.

15   Por exemplo, em seu clássico livro *Sociedade de risco*. BECK, Ulrich. *Sociedade de risco*. São Paulo: Editora 34, 2011.

16 GOODIN, Robert. *On Settling*. Princeton: Princeton University Press, 2012.

17 Entre seus defensores estava o filósofo do direito do século XVII Hugo Grócio.

18 BARBER, Benjamin. *Consumidos*: como o mercado corrompe crianças, infantiliza adultos e engole cidadãos. Rio de Janeiro: Record, 2009.

19 Outros conceitos parecem ter suplantado a "vida simples", como o movimento pela "vida lenta", que pode ser visto como resistência à aceleração social identificada por Hartmut Rosa e outros.

20 SEGAL, Jerome. *Graceful Simplicity:* The Philosophy and Politics of the Alternative American Dream. Califórnia: University of California Press, 2006.

21 Ver https://yougov.co.uk/news/2015/08/12/britishjobs-meaningless. Acesso em: 26 maio 2023.

22 Ver http://evonomics.com/why-capitalism-creates-pointless-jobs-david-graeber. Acesso em: 26 maio 2023.

23 Esse foi o tema de meu livro *Standpoints*. BRINKMANN, Svend. *Standpoints:* 10 Old Ideas in a New World. [S.l.]: Polity, 2018.

2. BUSCAR O BEM

1 A ideia de finitude como condição existencial para os valores humanos é explicada em *Standpoints*.

2 LØGSTRUP, Knud Ejler. *Den etiske fordring* [*A demanda ética*]. Copenhague: Gyldendal, 1956. p. 19.

128 Viver com moderação

3   Sennett escreve sobre isso em O *declínio do homem público*. SENNETT, Richard. *O declínio do homem público*. Rio de Janeiro: Record, 2014.

4   Ver http://www.naturalthinker.net/trl/texts/Kierkegaard, Soren/PurityofHeart/showchapter4.html. Acesso em: 26 maio 2023.

5   Ibid.

6   KIERKEGAARD, Søren. *Upbuilding Discourses in Various Spirits*. Edição e tradução: Howard V. Hong e Edna H. Hong. Princeton: Princeton University Press, 2009. p. 38.

7   Ibid., p. 39.

8   Esse foi um tema importante em meu livro *Standpoints*.

9   KIERKEGAARD, Søren. Op. cit., p. 51-52.

10 GOLLWITZER, H.; KUHN, K.; SCHNEIDER, R. (ed.). *Dying We Live*. [S.l.]: Fontana, 1976.

11 Também analisei isso em *Standpoints*.

12 Publicado numa coleção de ensaios de mesmo nome: FRANKFURT, Harry G. *The Importance of What We Care About*. Cambridge: Cambridge University Press, 1998.

13 GORMSEN, Lise. Doktor, hvordan skal jeg leve mit liv?. In: ERIKSEN, C. (ed.). *Det meningsfulde liv*. Arhus: Aarhus Universitetsforlag, 2003.

14 Neste livro, uso as palavras "ética" e "moral" como sinônimos. A primeira é grega, a última latina. No sentido original, cuidar das rosas do jardim teria significado ético, pois o termo se refere a toda forma assumida pela vida. Aristóteles provavelmente usaria o termo dessa maneira, mas, atualmente, os conceitos de ética e moralidade são mais estritos, sem consenso sobre a distinção entre eles.

15 FRANKFURT, Harry G. Op. cit., p. 89.

16 PHILLIPS, Adam. *Missing Out:* In Praise of the Unlived Life. Nova York: Farrar, Straus & Giroux, 2012.

17 Ibid., p. xv.

18 WEBER, Max. *A ética protestante e o espírito do capitalismo.* São Paulo: Martin Claret, 2023.

3. O VALOR DA MODERAÇÃO

1 Ver capítulo 2, nota 14, para uma discussão sobre "ética" e "moral".

2 Um artigo clássico é o de KAHNEMAN, Daniel; KNETSCH, Jack L.; THALER, Richard H. Fairness and the Assumptions of Economics. *Journal of Business*, v. 59, 1986, S285-S300.

3 Os resultados do estudo de Engel estão disponíveis em https://www.coll.mpg.de/pdf_dat/2010_07online.pdf. Acesso em: 26 maio 2023.

4 WINNICOTT, Donald. The Theory of the Parent-Infant Relationship. *International Journal of Psychoanalysis*, v. 41, 1960, p. 585-595.

5 O conceito de niilismo passivo foi retirado do filósofo Simon Critchley. Ver seu livro CRITCHLEY, Simon. *Infinitely Demanding:* Ethics of Commitment, Politics of Resistance. Londres; Nova York: Verso, 2007.

6 O que se segue é baseado em KIERKEGAARD, Søren. *Lilien paa Marken og Fuglen under Himlen:* Tre gudelige

130 VIVER COM MODERAÇÃO

Taler [*O lírio no campo e o pássaro no ar*: três discursos devocionais]. [S.l.: s.n.], 1849.

7 Ibid.

8 KNAUSGÅRD, Karl Ove. *Spring*. Tradução: Ingvild Burkey. Londres: Harvill Secker, 2018.

9 KIERKEGAARD, Søren. Op. cit.

10 Também recomendo o excelente livro de Anne-Marie Christensen: *Moderne dydsetik – arven fra Aristoteles*. [*A moderna ética das virtudes – o legado de Aristóteles*]. Arhus: Aarhus University Press, 2008.

11 CLOR, Harry. *On Moderation*: Defending an Ancient Virtue in a Modern World. Waco: Baylor University Press, 2008.

12 Ibid., p. 10. Desde que Harry Clor escreveu essas palavras, seu país elegeu Donald Trump para a presidência e, independentemente do que você pense a respeito, está claro que Trump representa o oposto exato, ou seja, a retórica agressiva e inflamatória ("Prendam-na!").

13 RICOEUR, Paul. *Oneself as Another*. Chicago: University of Chicago Press, 1992.

14 Analisei isso em meu livro *Identitet*. BRINKMANN, Svend. *Identitet*: Udfordringer i forbrugersamfundet [*Identidade*: desafios na sociedade de consumo]. Arhus: Klim, 2008.

15 GERGEN, Kenneth. *Realities and Relationships*. Cambridge: Harvard University Press, 1994. p. 249.

16 GOODIN, Robert. *On Settling*. Princeton: Princeton University Press, 2012. p. 64.

Notas 131

4. Marshmallows e esteiras

1 MISCHEL, Walter. *O teste do marshmallow:* por que força de vontade é a chave do sucesso. Rio de Janeiro: Objetiva, 2016.

2 A história do experimento e sua recepção é escrutinada em MADSEN, Ole Jacob. *"Det er innover vi må gå":* En kulturpsykologisk studie av selvhjelp [*"Precisamos nos voltar para dentro":* um estudo cultural e psicológico da autoajuda]. Oslo: Universitetsforlaget, 2014.

3 BUCKINGHAM, Alan. Doing Better, Feeling Scared: Health Statistics and the Culture of Fear. In: WAINWRIGHT, D. (ed.). *A Sociology of Health.* Thousand Oaks: Sage, 2008.

4 KIDD, Celeste *et al.* Rational Snacking: Young Children's Decision-making on the Marshmallow Task is Moderated by Beliefs About Environmental Reliability. *Cognition,* v. 126, n. 1, 2013, p. 109-114. Uma discussão mais deta-lhada pode ser encontrada em MADSEN, Ole Jacob. Op. cit.

5 Esse foi um dos pontos principais de meu livro *Positividade tóxica,* que critica a tendência de individualizar quaisquer problemas que as pessoas possam ter e submetê-los a uma perspectiva psicológica.

6 Argumentei sobre isso em *Standpoints.*

7 PEDERSEN, Ove Kaj. *Konkurrencestaten.* Copenhague: Hans Reitzel, 2011. p. 190.

8   DAVIES, William. *The Happiness Industry:* How the Government and Big Business Sold Us Well-Being. Londres; Nova York: Verso, 2015.

9   FREDERICK, Shane; LOEWENSTEIN, George. Hedonic Adaptation. In: KAHNEMAN, D.; DIENER, E.; SCHWARZ, N. (eds.). *Well-Being:* The Foundations of Hedonic Psychology. Nova York: Russell Sage Foundation, 1999. p. 302.

10 Ibid., p. 313.

11 Citado de http://www.gutenberg.org/files/1672/1672-h/1672-h.htm. Acesso em: 29 maio 2023.

12 NOREM, Julie. *The Positive Power of Negative Thinking.* Nova York: Basic Books, 2001.

13 O que se segue é baseado num artigo de opinião publicado no jornal *Politiken*: http://politiken.dk/debat/debatindlaeg/art5856925/Det-er-den-positive-t%C3%A6nkning-der-har-l%C3%A6rt-Trump-at-han-bare-kan-skabe-sin-egen-virkelighed. Acesso em: 29 maio 2023.

14 SCHWARTZ, Barry. *O paradoxo da escolha.* São Paulo: A Girafa, 2004.

15 ALTER, Adam. *Irresistível:* por que você é viciado em tecnologia e como lidar com ela. Rio de Janeiro: Objetiva, 2018. O que se segue recicla passagens de um artigo que escrevi para o jornal *Politiken*: http://politiken.dk/kultur/art5935742/Mindst-hvert-femte-minut-m%C3%A6rker-jeg-en-trang-til-at-tjekke-min-smartphone. Acesso em: 29 maio 2023.

Notas 133

16 Ver BARON, Naomi S. *Words Onscreen:* The Fate of Reading in a Digital World. Oxford: Oxford University Press, 2015.

5. A ALEGRIA DE FICAR DE FORA

1 Esse foi um tema importante da obra de minha colega Lene Tanggaard sobre criatividade, que acho muito inspiradora.

2 Na série de Rosenkjær *Det meningsfulde liv* [*A vida significativa*], transmitida pela primeira vez em 27 set. 2016.

3 Ver, por exemplo, LETH, Jørgen. Tilfældets gifts: En filmisk poetik [Os presentes do acaso: uma poesia cinemática]. *Kritik*, 2006, p. 2-10; e WICHMANN, Jonathan. *Leth og kedsomheden* [*Leth e tédio*]. Londres: Information Publishing, 2007.

4 FOUCAULT, Michel. On the Genealogy of Ethics: An Overview of Work in Progress. In: RABINOW, Paul (ed.). *The Foucault Reader*. Londres: Penguin, 1984.

5 SCHWARTZ, Barry. *O paradoxo da escolha*. São Paulo: A Girafa, 2004.

6 Ibid, p. 229.

7 DOUGLAS, Mary. *Purity and Danger*. Abingdon: Routledge & Kegan Paul, 1966. p. 128.

8 GIDDENS, Anthony. *Modernidade e identidade*. Rio de Janeiro: Zahar, 2002. Ver também minha análise da obra dele em meu livro *Identitet*, de 2008, do qual algumas dessas passagens foram retiradas. BRINKMANN, Svend.

Identitet: Udfordringer i forbrugersamfundet. Arhus: Klim, 2015.

9   GIDDENS, Anthony. Op. cit., p. 204.

10 HOLIDAY, Anthony. *Moral Powers:* Normative Necessity in Language and History. Abington: Routledge, 1988.

11 WEIL, Simone. *O enraizamento.* Belo Horizonte: Âyiné, 2022.

12 O que se segue é baseado num artigo de opinião originalmente publicado no jornal *Politiken:* http://politiken.dk/kultur/art5973426/Nej-tak-Hella-Joof-hvorfor-i-alverden-skal-vi-disrupte-vores-liv. Acesso em: 27 maio 2023.

13 Ver http://politiken.dk/indland/uddannelse/studieliv/art5961892/Fremtidens-seks-typer-%E2%80%93-som-vi-skal-uddanne-os-til-hele-livet. Acesso em: 27 maio 2023.

14 Ver WILKINSON, Richard; PICKETT, Kate. *O nível:* por que uma sociedade mais igualitária é melhor para todos. Rio de Janeiro: Civilização Brasileira, 2015.

15 Ver KIERKEGAARD, Søren. *A repetição.* São Paulo: Olho D'Água, 2010.

16 CRAWFORD, Matthew B. *The World Beyond Your Head:* On Becoming an Individual in an Age of Distraction. Nova York: Farrar, Straus and Giroux, 2015.

Em www.leyabrasil.com.br você tem acesso a novidades e conteúdo exclusivo. Visite o site e faça seu cadastro!

A LeYa Brasil também está presente em:

 facebook.com/leyabrasil

 @leyabrasil

 instagram.com/editoraleyabrasil

▶ LeYa Brasil

ESTE LIVRO FOI COMPOSTO EM DANTE MT STD,
CORPO 12,5 PT, PARA A EDITORA LEYA BRASIL